中国商业银行信用风险评估与计量研究

王树云 著

中国财经出版传媒集团
中国财政经济出版社

图书在版编目（CIP）数据

中国商业银行信用风险评估与计量研究／王树云著．—北京：中国财政经济出版社，2017.12

ISBN 978－7－5095－7884－1

Ⅰ．①中…　Ⅱ．①王…　Ⅲ．①商业银行－银行信用－风险管理－研究－中国　Ⅳ．①F832.33

中国版本图书馆 CIP 数据核字（2017）第 292422 号

责任编辑：郁东敏　　　　　　　　　责任校对：张　凡

中国财政经济出版社 出版

URL：http：//www.cfeph.cn

E－mail：cfeph@cfeph.cn

（版权所有　翻印必究）

社址：北京市海淀区阜成路甲28号　邮政编码：100142

营销中心电话：88190406　北京财经书店电话：64033436　84041336

北京财经印刷厂印刷　各地新华书店经销

787×1092 毫米　16 开　11 印张　132 000 字

2017 年 12 月第 1 版　2017 年 12 月北京第 1 次印刷

定价：30.00 元

ISBN 978－7－5095－7884－1

（图书出现印装问题，本社负责调换）

本社质量投诉电话：010－88190744

打击盗版举报热线：010－88190414　QQ：447268889

前言

金融是现代经济的核心,金融稳定影响着甚至决定着经济能否健康发展,"金融活经济活,金融稳经济稳"。习总书记强调:"保持经济平稳健康发展,一定要把金融搞好。"党的十九大报告提出,要守住不发生系统性金融风险的底线;2017年中央经济工作会议提出,要把金融风险防控放在更加重要的位置;2017年第十二届全国人大第五次会议政府工作报告提出,要筑牢金融风险"防火墙";2017年中共中央政治局第四十次集体学习强调,做好金融工作维护金融安全;2017年,五年一度的全国金融工作会议提出,要防止发生系统性金融风险是金融工作的永恒主题,金融机构承担防范风险主体责任。这一系列部署凸显了以习近平同志为核心的党中央对金融工作和金融安全的高度重视,充分说明金融工作和金融安全的重要地位和意义。

经过三十余年的持续改革,我国金融体系不断完善并发展壮大,对实体经济的支撑作用和服务力度愈发突出。但不容忽略的是,我国现行的金融体系源自传统经济发展模式,虽体量庞大却体系脆弱,特别是近年来受国际和国内经济下行压力因素的综合影响以及金融市场化、自由化趋势的不断深化,国内金融稳定所面临的一些潜在风险正在不断强化和放大。现阶段,我国以银行为主导的金融业态、以间接融资为主导融资形式的金融体系中,金融风险几乎全部集中在商业银行内部,这其中即包括传统授信违约风险,也包括对债券等债务融资工具和对非标理财产品的刚性兑付风险。据中国银监会披露的数据,自2012年开始,我国商业银行平均不良贷款率已持续增长5年,由2012年末的0.95%攀升至2016年末的1.74%,几近翻番;甚至截至2017年上半年末,农村商业银行的平均不良率高达2.81%。商业银行违约风险持续增长,这其中既有经济减速、"三期叠加"的外部因素，也有"黄金10年"商业银行注重信贷资产高速增长却忽略精细化管理、粗放经营的内部因素。尤其自2012年以来，经济进入下行期，客户还款能力下降，商业银行授信管理中的薄弱环节被持续放大，稍有不慎便引致授信风险。在此背景下，本书从我国金融发展实际出发，立足国情、借鉴国外有益经验、研究信用风险评估与计量，以期为国内商业银行信用风险管理提供借鉴，以增强其科学防范风险能力，不断提高金融业竞争能力、可持续发展能力。

商业银行作为信用中介机构，信用风险一直是其所面临的最主要风险。当前我国商业银行七成以上的资产类业务均是承担信用风险的授信业务，因此管住了信用风险几乎等于管住了商业银行的大部分风险。信用风险管理包括宏观的经济、中观的行业、微观的客户三个层面。在本书中，仅专注于对微观客户的信用风险管理，因为不同于宏观和中观的"顶层设计"，微观客户的风险控制才是商业银行风险控制的基石，但书中也会将有关宏观经济、中观行业的风险事项融入具体微观业务和案例中。除此之外，鉴于我国商业银行个人授信业务规模总体占比不高且多为个人住房按揭贷款，其金额相对较小、风险相对较低，因此本书仅仅研究公司授信业务的信用风险管理问题。

全书共七章，主要分商业银行信用风险概论、信用风险评估、信用风险计量三大模块。第一章商业银行信用风险概论，在介绍了信用、信用风险、信用风险管理概念的基础上，主要探析了当前我国商业银行信用风险的总体状况、信用风险集中爆发的内外部原因。在第二章、第三章中，将研究信用风险评估，通过对授信流程中每个环节的风险防控内容以及关键风险点的分析来解析微观客户信用风险管理理论，并针对每项关键风险点进行典型案例分析。在第四章至第六章中，将研究信用风险计量，对经典信用风险计量模型进行对比评析，并对我国商业银行内部评级体系建设的理论与实践进行探究，特别是提出两种高效的大数据信用风险计量方法，为大数据背景下信用风险管理提供解决思路。在第七章中，针对当前我国商业银行信用风险管理状况及重点关注的问题，提出了现阶段我国商业银行加强信用风险管理的策略和建议。

受时间和能力所限，本书尚有诸多不足之处，诚盼指正。

王树云

2017 年 11 月

目录

第一章 商业银行信用风险概论 … 1
- 第一节 信用的内涵 … 3
- 第二节 信用风险与信用风险管理 … 4
- 第三节 我国商业银行信用风险总体状况及分布特征 … 8
- 第四节 当前我国商业银行信用风险集中爆发的成因探究 … 10

第二章 商业银行授信业务流程及工作要点 … 19
- 第一节 授信业务流程概述 … 21
- 第二节 授信调查 … 21
- 第三节 授信审查审批 … 26
- 第四节 授信实施环节 … 29
- 第五节 授信后管理 … 30
- 第六节 问题授信化解和资产保全 … 32

第三章 授信关键风险点评估及案例分析 … 37
- 第一节 授信基本资格评估 … 39
- 第二节 集团客户风险评估 … 43
- 第三节 行业风险评估 … 49
- 第四节 财务风险评估 … 55
- 第五节 经营风险评估 … 61
- 第六节 授信用途、授信额度与还款来源分析 … 67

  第七节 担保风险评估 ·· 73

第四章 信用风险计量及常用方法评析 ························· 81
  第一节 背景介绍 ·· 83
  第二节 传统的信用风险计量方法 ································ 85
  第三节 现代信用风险计量模型 ······································ 90

第五章 商业银行内部评级体系的建设及实施 ················ 99
  第一节 内部评级的基本框架和主要内容 ······················ 102
  第二节 非零售风险暴露内部评级模型开发理论与实践 ········ 111
  第三节 内部评级的应用管理 ······································ 123

第六章 大数据背景下信用风险计量方法研究 ················ 127
  第一节 背景介绍 ·· 129
  第二节 大数据背景下变量选择的意义 ·························· 130
  第三节 模型和假设 ·· 132
  第四节 基于惩罚的正规化变量选择方法介绍与评析 ·········· 133
  第五节 基于先验图信息的正规化变量选择方法及其应用 ····· 138
  第六节 Bayse 变量选择及其应用 ································ 146

第七章 当前加强信用风险管理的建议 ·························· 157

参考文献 ··· 163

第一章

商业银行信用风险概论

第一节 信用的内涵

"信用"一词在古今中外、在不同领域都有许多不同的具体含义，但是这些含义基本都与信任、相信、诚信等相关。在经济学范畴，"信用"是一个古老的概念，其伴随商品货币关系的发展而发展，内涵也在不断丰富和延展。因此，信用研究在经济学中是一个古老而长青的问题。现实社会中，信用有广义和狭义之分。广义的信用，是指参与社会和经济活动的主体之间建立起来的以诚实守信为道德基础的践约行为；狭义的信用，是指以偿还和付息为基本特征的借贷行为。本书中所讲的信用均是指狭义的信用，即均从经济学或者金融学的角度进行阐述。黄达在其主编的《金融学》中将信用解释为："信用这个范畴是指借贷行为。这种经济行为的形式特征是以收回为条件的付出，或以归还为义务的取得；而且贷者之所以贷出，是因为有权取得利息，借者之所以可能借入，是因为承担了支付利息的义务。"

信用活动涉及借贷双方，且双方在借贷关系中有不同的权利和义务。信用活动是价值运动的一种特殊形式，完整的信用活动包括信用关系的建立、价值让渡、信用关系的消解三个环节。信用关系的建立需要一定的约束条件：一是贷者对借者要充分信任；二是借者承诺要偿还本息，且在现代经济活动中这种承诺已演变为由法律合同进行刚性约束。价值让渡是有条件的、暂时的让渡，即将现有价值的东西，暂时让渡别人使用，以期未来得到更大的回报。信用关系的消解以价值按照承诺或者约定条件的回流为终结。马克思在《资本论》中运用资本再生产理

论对信用活动进行了解释。他指出,借贷资本具有"双重支付、双重回流"的特征,表达公式如下:

$$G \xrightarrow{\text{第一重支出}} G \xrightarrow{\text{第二重支出}} W \xrightarrow{\text{第一重回流}} G \xrightarrow{\text{第二重回流}} G$$

这其中第一重支付即贷者将货币支付给借者;第二重支付是借者为生产流转垫支货币。第一重回流是货币回流到垫支者手里;第二重回流是借者将贷款本金和利息归还给贷者。通过双重支付和双重回流,借贷资本完成一个完整的循环。

通过上面的介绍,不难发现,信用具有显著的两大属性:

一是收益属性。信用活动可以带来收益,谋取收益是贷者让渡价值的根本目的。

二是风险属性。信用发生的基础是贷者对借者充分信任。当然,这种信任源于贷者对借者的信用状况进行了"正确"的判断,但这也仅限于是对贷前时点的判断。收回本金和利息在后,期间可能发生的不确定事件,会使得信用活动面临风险。

第二节 信用风险与信用风险管理

一、信用风险的内涵与特征

信用风险(Credit Risk),是指信用活动中,交易的一方未能履行契约中约定的义务而给交易的另一方造成经济损失的风险,即借者不能履行还本付息的责任而使贷者的预期收益与实际收益发生偏离的可能性，它是金融风险的主要类型。一般而言，造成信用风险的因素包括主观因素和客观因素。主观因素主要是指借者没有还款意愿，这由其道德品质决定；客观因素指借者没有还款能力。现阶段，我国商业银行面临的信用风险主要是指授信风险，即借款人到了约定的时间仍不具备还款能力或者是拒绝履行先前签订的借款协议所表明的还款要求，导致商业银行可能需要承担一定损失。

信用风险除了具有风险本身固有的一些基本特征外，还具有其自身的特殊性。

（1）不对称性。在信用活动中，贷者承担信用风险时，其预期收益和预期损失是不对称的。由图1-1中信用风险收益曲线可以看到，在纵轴（概率轴）右侧代表正收益，左侧代表负收益（即损失），未来收益的概率期望值（图中☆对应点）就是未来的利息，而未来损失最大可能是本金和利息的和，因此预期收益和预期损失是不对称的。

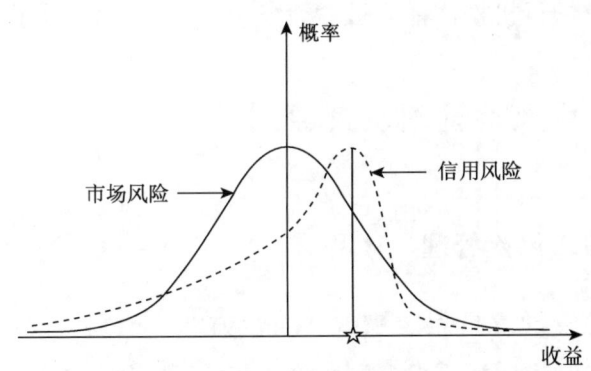

图1-1 信用收益与市场收益概率分布的比较

抛开晦涩的概率理论，信用风险的不对称性可以用以下通俗的道理进行解释：银行贷款的收益仅仅是事前约定的利息收益，其不随贷款企业经营业绩的增长而增加；但当贷款企业的经营业绩恶化而出现违约时，银行贷款的损失将是本金和利息，最坏情况下将损失全部的本金和利息。因此，银行贷款的收益和损失是不对等的。相对来说，市场风险收益率曲线具有对称性，以股票为例，其收益波动时随机的，时涨时跌，收益和损失是等可能性的。

（2）系统性。在当下我国商业银行发展高度同质化以及同一家企业往往在多家银行多头融资的现实情况下，银行体系的信用风险具有高度的系统性特征，极易受外部宏观经济因素影响，从而导致大面积风险爆发和风险的相互传染。

（3）滞后性。信用风险爆发具有滞后性。国内外经验表明，贷款风险往往在投放3年后才会有所显现，而5年后才会集中暴露，7年后将集中形成损失，俗称"357"的周期规律。尤其对某些高风险行业和地区，在贷款初期风险暂未显现，各家银行争相进入，且"相安无事"，待到信贷规模膨胀到一定程度，风险随着时间延长而逐步集聚和爆发时，各家银行机构往往均被"套牢"，从而导致巨额损失。

二、信用风险管理及其原则

（一）信用风险管理

信用风险管理就是用定量或者定性方法，识别、计量、评估、监测、报告、控制或缓释所承担的风险。商业银行作为信用中介机构，信用风险一直都是其所面临的最主要风险，信用风险普遍存在于监管要求的"因为客户违约可能导致银行损失风险"的各类授信业务。这其中，授信是指商业银行向客户或交易对手直接提供资金，或者对客户在有关经济活动中可能产生的赔偿、支付责任作出保证。授信包括传统信贷业务和纳入银行账户管理的各类自营性债券投资、同业资产业务、各类金融衍生产品、债券包销、理财业务、债权性代理收付业务，核心企业承担回购担保、退款责任，及其他按照"实质重于形式"的原则由商业银行承担和可能承担信用的业务。

（二）信用风险管理须遵循的原则

1. 依法合规经营原则

商业银行开展授信业务必须遵守《中华人民共和国商业银行法》等法律法规，遵守中国人民银行和中国银行业监督管理委员会等的监管规定；遵循平等自愿、公平诚信的原则；授信不得用于国家禁止生产、经营的领域和用途，不得办理危害国家利益、社会公众利益的授信业务。

2. 资本约束原则

商业银行信用风险资产的规模增长要服从经济资本规划并受其约束，以使得资本能有效覆盖风险。

3. 风险收益平衡原则

商业银行开展授信业务要按照风险收益平衡原则合理定价，在此基础上实现银行价值增长。

4. 独立性原则

商业银行信用风险管理要坚持独立性原则，同时要兼具专业性和权威性。

5. 风险分散原则

商业银行开展授信业务，应按区域、行业、客户、产品等维度实施授信组合管理，合理配置资源，避免风险过度集中。

6. 统一授信原则

为防止同一客户（包括单一客户和集团客户）在同一家银行不同业务条线多头融资，商业银行应遵循统一授信原则，根据统一的授信标准和程序对客户授予信用，并进行集中统一风险控制。

第三节 我国商业银行信用风险总体状况及分布特征

一、信用风险总体状况

如前所述，信用风险具有明显的滞后性，通常在宏观经济上升期，信贷规模持续快速膨胀，显性金融风险较小，而隐性金融风险逐渐积聚。当宏观经济增长放缓时，金融风险则会加快暴露。目前我国经济正处于结构调整阵痛期和增长速度换挡期，商业银行不良贷问题自2011年下半年开始暴露，出现不良持续"双升"现象（见图1-2）。自2011年四季度始到2017年二季度止，我国商业银行不良贷款余额已连续上涨了23个季度，这期间不良贷款率持续上升18个季度。虽然自2016年三季度开始，商业银行不良贷款率有企稳止增的迹象，但是截至2017年二季度，商业银行业全行业不良贷款余额依然升至1.64万亿元，较2016年底增加8.17%，同比大增13.81%；不良贷款率为1.74%。从整体上来看，我国商业银行不良贷款率虽处于相对较低水平，但不良资产额度庞大，不容乐观。

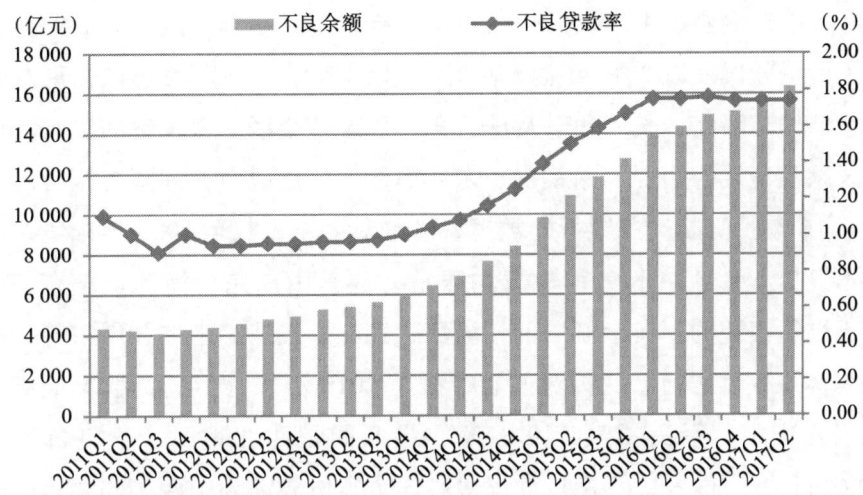

图1-2 中国不良贷款余额变化趋势图

数据来源：中国银行业监督管理委员会。

二、信用风险分布特征

数据表明，银行不良贷款整体攀升的同时，也呈现出一定区域性、行业性等特征，具体体现在以下几个方面：

一是行业分布上，不良贷款主要集中于产能过剩行业和顺经济周期行业，如制造业、零售和批发贸易行业，且从产业链条中的下游企业向上游延伸。批发零售业和低端制造等行业已然成为前期违约行业，处于中游的重型化工类行业正承受着较大的债务压力。另外，随着"去产能"作为"三去一降一补"五大歼灭战的首要任务在2016年中央经济工作会议上被提出，煤炭、钢铁、水泥等产能过剩行业的授信风险持续恶化。

二是在区域上，从经济较发达地区向相对落后地区延伸。从全国情况看，由东到西、由点及面，沿着产业链上下游蔓延。这一波商业银行的不良贷款爆发以2011年温州中小企业债务危机频发为起点，从温州渐渐延伸至浙江、长三角以及珠三角，后至整个经济较发达的华东沿海地区以及华北的山西、内蒙古、东北等地区。据取自五大国有银行以及全部16家股份制商业银行的数据，从绝对值看，截至2015年末华东地区不良贷款余额和不良客户数均居首，这其中广东、浙江、山东、江苏、福建等地的不良余额居前，浙江、江苏、福建、山东、广东等地的违约客户数量居前。从相对值看，截至2015年末，不良贷款率最高的区域为华中，不良贷款率0.93%，最低的是西北地区，不良贷款率0.66%；分省份看，不良贷款率最高5个省份分别为山西、内蒙古、福建、黑龙江、四川。

三是从所有制结构上看，风险逐渐从私营企业向国有企业延伸。目前在去杠杆的政策指导下，部分银行出现压贷、抽贷等举动，私营企业融资途径受到阻碍，企业资金链紧张，风险逐渐暴露。同时随着经济运行趋势下行，行业中上游的部分国有企业利润额逐渐下降、资金紧张，也已出现明显的风险苗头，典型如青海铜铝冶金和制碱行业，辽宁的钢铁、有色、造船等行业，黑龙江地方粮食局等，尤其是近年的债券市场发生的几桩大额违约事件，已经鸣响了警钟。

第四节 当前我国商业银行信用风险集中爆发的成因探究

当前这轮信用风险的爆发具有明显的系统性特征，总结原因主要包括以下几个方面：

一、商业银行外部环境影响

一是宏观经济周期影响。不良贷款的整体波动往往与宏观经济的波动直接相关。据统计，通常GDP增速下降1个百分点会导致商业银行不良率提升0.35~0.5个百分点。自2012年以来，我国GDP增速下降了1百分点，商业银行整体不良率上升了0.79个百分点，体现出明显的相关性。另外，根据中信证券研究，自20世纪90年代以来，我国经济大致经历了三个周期，随之而来的是商业银行不良贷款波动。第一个周期是在1992~1994年，房地产市场过热和信贷膨胀共同作用造成整个经济过热，伴随1995~1997年政府调控紧缩，商业银行出现了较大规模的不良贷款爆发。第二个周期起始于2003年的经济过热，全年固定资产投资增长达到24%，2004年开始政策收缩微调，商业银行不良贷款出现上升。第三个周期是2008年金融危机后的信贷大量投放和大规模的基础设施建设，造成通胀压力增加，引致2010年起的货币紧缩政策，而商业银行信贷不良资产双升的格局恰恰在2011年下半年开始形成，目前尚未有结束的迹象。

二是企业过度负债，且"空心化"趋势突出。实体经济是金融发展的基础，服务实体经济是金融发展的归宿，实体经济出现的问题，最终都将传导至金融领域。现阶段，我国实体企业过度负债，经营"空心化"问题突出，这是导致商业银行授信出现风险的重要原因之一。

首先，我国企业普遍存在过度负债的问题。一方面，受制于我国金融体系局限性，我国企业融资渠道主要以银行的债权融资为主，而权益性资金来源过窄，造成企业的杠杆率普遍偏高。另一方面，部分企业，尤其是中大型民营企业集团,在经济状况较好时期盲目乐观,不顾自身实际情况盲目扩张,搞多元化投资,脱离主业,有的甚至涉及担保圈、民间借贷,形成债务负担重、经营结构不合理的不利局面。在经济繁荣期,此类企业尚可以利用信贷资金和经营利润进行资金周转,但随着经济下行,企业收入及利润明显下滑,债务利息支出沉重,一笔资金周转不畅就有可能压垮企业,埋下了风险隐患。据统计,在西方国家,一般认为企业资产负债比率不应超过50%,否则,就应认为是风险企业。而在我国,企业的资产负债率普遍高达65%,部分行业或企业则高达70%~80%,大大高于工业化国家和国际公认的水平。

其次,当前全球经济增长放缓,国内经济进入转型期,在资产泡沫快速膨胀和经济不断滞胀的双重作用下,我国实体经济出现了发展要素流失,行业利润失衡、发展动力不足等萎缩现象,一定程度上形成产业"空心化"格局。

第一,发展要素流失,盈利能力走弱。受资源瓶颈约束和资产泡沫影响,原材料、能源和人工成本持续上升,实体经济发展所需的资源、劳动力等要素不断流失,利润空间受到持续挤压。加之外需不振,内需疲软以及汇率等政策影响,我国实体经济盈利能力日趋衰弱。根据国家统计局数据,自2010年以来,我国规模以上工业企业利润总额增速持续下降,直至2014年和2015年出现连续负增长(见图1-3)。

第二,产业大而不强,结构不尽合理。与国际领先企业相比,我国实体经济总体是大而不强,大多数实体企业处于产业链的中低端,研发投入少,创新能力弱,雷同化、模仿化现象严重,工业生产总值的增长过度依赖投资而不是产品的高附加值及技术创新。

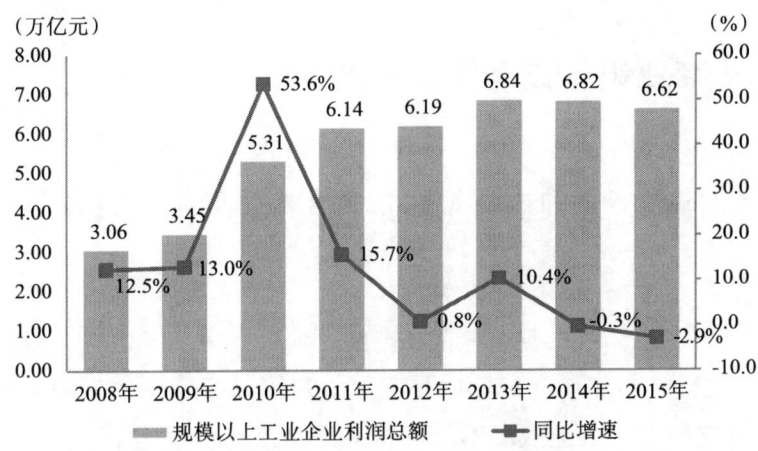

图 1–3　2008～2014 年我国规模以上工业企业利润总额及同比增速情况

数据来源：2016 年统计年鉴。

第三，产能过剩现象突出。产能过剩现象在我国实体经济所涉及的行业和领域中普遍存在。据《中国产业经济 2015 年度报告》显示，截至 2015 年末我国约 1/3 的行业、地区存在着严重过剩产能现象。部分产能过剩企业长年亏损，资不抵债，靠政府补贴或者银行融资艰难维持生计，沦为僵尸企业。产能过剩不但无效占用大量社会资源，造成生产要素配置扭曲，扰乱市场公平竞争的秩序，而且会因其偿债能力不足，造成银行不良贷款快速增加，甚至可能引致系统性金融风险。

第四，经营环境恶化。后金融危机时代，我国实体经济还承受着繁重的税费、社会盛行的投机情绪、日益衰退的企业家精神等不利因素，发展环境不容乐观。这种情况最终会影响社会发展实业的热情，阻碍实体经济发展。

二、商业银行自身经营缺陷

（一）信贷投向和产品结构未契合实体经济发展需求而引致风险

一方面，信贷投向上，出于谋求高收益的经营策略，商业银行偏爱"高回报"授信客户：一类是相对缺乏活力的国有企业，甚至于一些在地方政府支持下，只能依靠不断融资来维持生存的"僵尸企业"，这些企业获得大量信贷资源，却无助于实体经济增长，这些资金甚至被转道投入到委托贷款、民间借贷等影子银行套利，成为交叉传递风险的工具；另一类是大批资产实力弱、经营风险大但贷款回报高的贸易型企业，这类授信往往额度大、担保措施弱、企业违约成本低，还款意愿及还款能力极易受到外部因素的影响。

另一方面，融资结构上，商业银行在我国金融体系的主导地位决定了我国实体经济的融资结构过度依赖银行的短期间接融资。相对于稳定的长期资金和权益性资金来说，短期资金对中小企业尤其是科技创新企业发展成长的支撑作用明显较弱。企业由于缺少长期资金用于产业升级或扩大再生产，往往采取"短贷长用"期限错配的方式使用资金。在经济上行期，社会资金流动性充裕，企业可以靠各家银行的借新还旧维持经营；但在经济下行期，社会资金流动性收紧，银行融资门槛抬高，企业往往会因为一家银行的抽贷或者压贷而导致脆弱的资金周转链条断裂，形成不良贷款。

（二）创新异化，风险集聚

近年来，随着中国金融市场化进程不断深入，金融脱媒、利率市场化不断提速，以利差为主要利润来源的银行传统信贷业务面临一系列挑战。在此背景下，银行机构部分业务创新异化，偏离了服务实体经济的初衷，以规避监管、追求高收益为目的来"创新"产品和业务模式，加之其他各类非银行金融机构的多方参与，层层衍生，市场规模急剧扩大，最终形成了业务模式多样、交易结构设计复杂、期限错配严重、风险高度集中的混乱局面。仅以我国8家全国性股份制上市银行为例，截至2016年一季度末，八家银行"类信贷"资产规模已高达19.1万亿元，占其资产总额的比例达55.07%，已超过传统信贷业务规模。这其中相当部分的业务，以"创新"为幌子，"脱实向虚"，在实体经济之外"空转"，不但集聚了金融风险，还通过层层加码抬高了社会整体杠杆率，加剧了实体经济波动。

(三)"资金空转"虚化了贷款依托

出于博取高额收益、规避监管约束等目的，近年来商业银行大量信贷资金在实体经济体外"空转"，虚化了贷款依托和商业银行贷款清收抓手。"资金空转"主要表现为以下两种形式：一种是资金交易始终在金融体系内部循环，通过杠杆投资和期限错配套取利差，但资金最终并没有进入实体经济，典型如2013年6月同业拆借市场的"钱荒"事件；另一种是货币资本虽最终进入了实体经济，但被人为拉长了融资链条，通过银银、银保、银证等跨机构合作，层层"收费"，推高了融资成本，积累了风险隐患。票据空转就是典型的例子。作为商业银行的惯例要求，实体企业在商业银行开立承兑汇票后，需将票据贴现，然后以贴现资金作为保证金再次开立无实际贸易背景的承兑汇票，以此循环往复，最终商业银行从实体企业赚取了大量中间业务收入，同时派生了大量存款。

三、商业银行内部管理不足

（一）风险管理理念薄弱

风险管理文化和理念建设是一个老生常谈而又日久弥坚的课题，需要一个长期不断地积累、发展、沉淀的过程。由于我国商业银行起步较晚，发展历程较短，对风险管理的理念培养和文化建设远不及发达国家水平。首先是认识上存在误区，"重发展、轻管理"现象较为普遍，不能正确理解良好的风险体系对商业银行平稳运行发展的重要性，只着眼于短期经营效益而忽视长期风险隐患，甚至于片面的将风险管理置于业务发展的对立面，想方设法规避内部制度规定和外部监管要求，不断变手法搞不规范经营。其次，经营环境的误导。自2002年开始，中国银行业正式驶入发展的快车道，至2011年信贷不良资产出现"双升"拐点，经过了整整10年时间。在这黄金10年，银行规模、利润急速增长，不良资产持续"双降"的大好形势下，我国银行业普遍放松了风险意识，降低了信贷标准，埋下风险隐患。

（二）风险管理人才薄弱

信用风险管理是一门系统而又复杂的管理学科，是商业银行风险经营的精髓，因此要求管理人员既要具备丰富的业务经验，又要具备精深的风控技术。商业银行普遍存在的风险管理人才薄弱问题突出表现在以下几个方面：其一，随着金融市场化的不断深化、金融产品的不断丰富，原有传统信贷业务的风险管理人才能力素质难以满足业务管理的需要。其二，因规模扩张需要，近年来各家商业银行将大批尚未经历不良资产上升压力洗礼的新从业人员充实到授信管理岗位,很多都未经历严格的专业训练,只"照本宣科"地重视授信形式合规,忽视实质风险的现象普遍存在。其三,商业银行内部缺乏系统的风险管理培训体系,外部缺乏专业且高品质的风险管理人才的培养机构,而我国高校的教育又和社会的实际需要相脱节,因此风险管理人才成长环境也亟待得到提高和改善。

(三) 风险意识和风险控制能力弱化

除宏观经济及外部市场环境变化外,商业银行自身风险意识和风险控制能力的弱化造成授信"三查"普遍不到位,这是造成当前信贷风险高发、多发的重要原因。具体体现如下:

其一,贷前调查不深不透,对授信项目的风险点和关键环节缺乏实际查证和深入调查,尤其是对借款人的经营财务状况、关联关系、贷款真实用途以及对外投资项目等关键风险点,缺乏实际查证。在授信调查报告中往往蜻蜓点水、轻描淡写、一笔带过,或者只谈优势不提风险,过于强调授信的收益,避重就轻,试图以"盈利性""前景"等取代风险分析,影响了后续审批环节对风险的有效识别和控制。

其二,授信审查把关不严不专。突出表现在两个方面:一是对关键风险点揭示不充分,虽有揭示但在未要求进行补充调查的情况下批准似是而非的"半成品";二是风险防范措施不到位,只提出项目存在的风险,但是不善于提出有效的管控措施,或者提出一些不符合实际、不具可操作性的批准条件。

其三,贷后检查反映情况不实不细。突出的是未按规定频次和要求开展贷后检查、未能揭示风险、未按审批意见落实管理要求、未按约定监管使用资金。"重贷轻管""重放轻收"思想突出,对客户经营情况及资金去向疏于管理，导致信息不对称，无法真正了解借款人内部及生产经营变化情况，无法及时了解企业内部重大变故，甚至导致出现风险后资产保全工作较为被动。

（四）风险管理技术落后

在很长一段时间，商业风险管理基本停留在依靠"信贷专家"基于经验判断甚至"拍脑袋"的阶段。近年来虽然整体上有了大幅提升，但是国内银行业风险管理技术方面，包括在系统建设、数据基础、管理工具、计量技术、科技手段等方面与国外先进银行相比都存在较大差距。现代管理学之父彼得·杜拉克曾说过"If you can't measure it, you can't manage it"，引申到金融风险管理中来，可以将其理解为：无法计量风险就无法有效管理风险。因此，我国商业银行在风险计量方面的差距亟待弥补，以便更好地提高精细化管理水平。

第二章
商业银行授信业务流程及工作要点

授信风险存在于业务的全流程，每笔授信从调查开始直到授信收回，每个阶段都存在风险，稍有疏忽授信就可能出现风险，因此，通过对债务人的盈利能力和偿债能力等评估来有效的识别和控制信用风险应贯穿于贷款生命周期的每一个环节。

第一节 授信业务流程概述

商业银行授信业务整个流程主要包括授信调查、授信审查审批、授信实施、授信后管理、授信到期处理等五大重要环节（流程图见图2-1）。

第二节 授信调查

一、授信调查定义

授信调查是指调查人员受理客户授信申请，对借款人进行实地调查，搜集、整理、核实授信资料，对授信主体的合法性、偿债意愿、偿债能力以及授信方案的合理性等进行全面分析和风险评估，并撰写授信调查报告的过程。

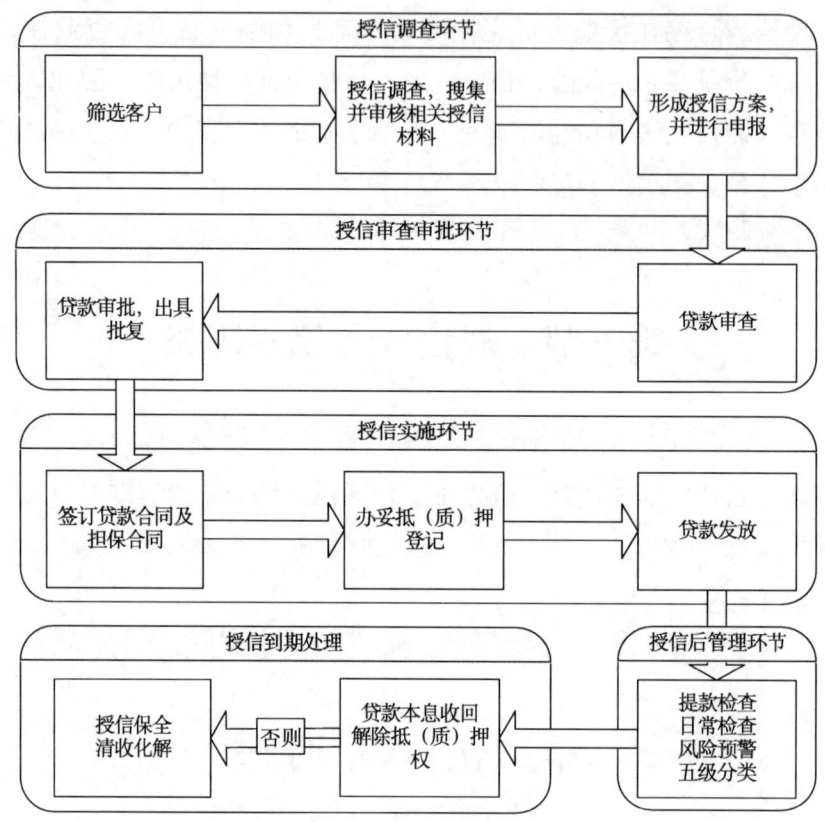

图 2-1　商业银行授信业务流程图

二、授信调查基本原则

全面性原则：对借款人的相关要素调查要全面，对第一还款来源和第二还款来源调查要全面，对授信的风险和收益调查要全面。

真实性原则：授信调查人员要核实验证所搜集资料的真实性，并如实反映和记载调查情况。

实地调查原则：授信调查人员应到客户的经营办公场所实地调查其

生产经营状况,掌握第一手信息资料,以有效确保授信资料的真实性。

三、授信调查流程

授信调查流程见图 2-2。

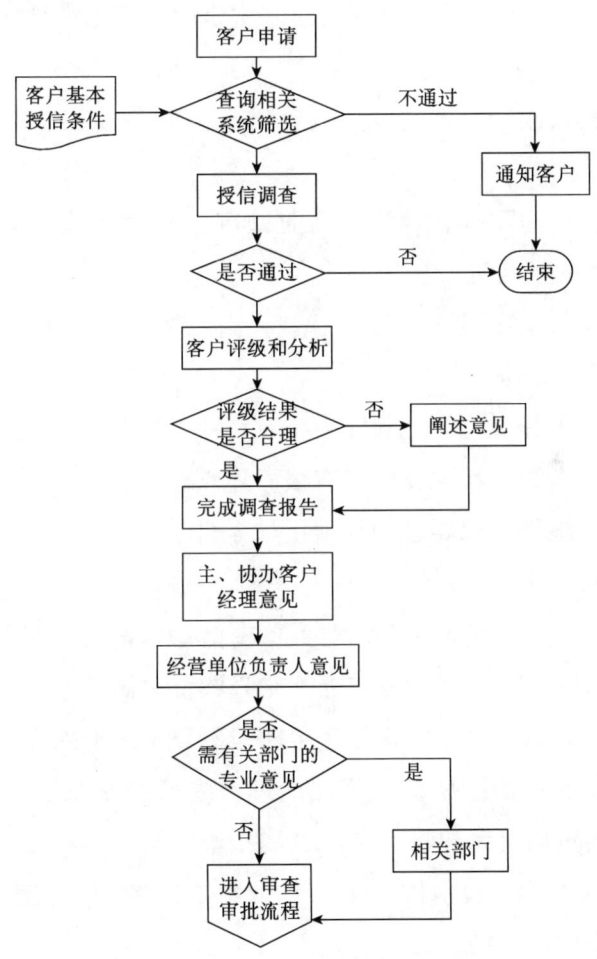

图 2-2 授信调查流程

四、授信调查工作要点

第一,受理客户授信申请,完成客户初选。在了解客户概要情况的基础上,对照外部法律法规、监管规定和商业银行内部授信风险管理政策、制度,来判断客户是否具备授信基本资格。合格的授信主体主要应具备以下条件(包括但不限于):

(1)借款人或受信人(以下统称借款人)依法设立,证照齐全且在有效期内;

(2)借款用途明确、合法,商业银行不得对用途不明确、不合理或者用途违法的项目进行授信;

(3)借款人生产经营合法、合规,商业银行不得对违反国家法律法规和政策的企业进行授信;

(4)借款人具有持续经营能力,有合法的还款来源;

(5)借款人信用状况良好,有很好还款意愿;

(6)商业银行内部要求的其他授信条件,包括各类授信产品管理、客户管理等规定的其他要求。

第二,开展授信尽职调查,对具备授信基本资格的客户进行实地调查,收集授信信息。对授信客户进行充分调查评估是授信的基础,也是银行风险控制的第一关。尽职调查包括但不限于以下内容:

(1)借款人的组织架构、公司治理、内部控制及法定代表人和经营管理团队的资信等情况;

(2)借款人的经营范围、核心主业、生产经营、贷款期内经营规划和重大投资计划等情况;

(3)借款人所在行业状况;

（4）借款人的销售收入、应收账款、应付账款、存货等真实财务状况；

（5）借款人营运资金总需求和现有融资性负债情况；

（6）借款人关联方及关联交易等情况；

（7）贷款具体用途及与贷款用途相关的交易对手资金占用等情况；

（8）还款来源情况，包括生产经营产生的现金流、综合收益及其他合法收入等；

（9）担保情况，包括抵/质押物的权属、价值和变现难易程度，或保证人的保证资格和能力等情况；

（10）其他内容。

第三，根据授信调查中掌握的资料和信息，分析评估授信风险，形成授信调查报告，报告主要包括以下主要内容：

（1）对第一还款来源的调查评估，包括：

①行业风险评估；

②经营风险评估；

③财务状况评估；

④管理层及公司治理结构评估；

⑤借款原因和借款用途评估；

⑥借款人信用状况的评估。

（2）对第二还款来源的调查评估，包括对保证人和抵/质押物担保能力的调查评估，其中对保证人的调查评估要求视同于借款人。

（3）对风险和收益的调查评估。

（4）管理措施及授信建议。

第三节 授信审查审批

一、授信审查审批定义

常说的审批贷款，实际上应该分为授信的"审查"和"审批"两个行为，其在银行风险管理中分别起着不同的作用。授信审查审批就是在授信调查的基础上，对授信项目的合规性和风险性进行全面分析和评估，然后根据评估情况出具是否同意授信的审查审批意见。

二、授信审查审批基本原则

垂直性原则：商业银行应建立由总行垂直管理的审批机制，包括审批机构设置、人员配备、绩效考核等，以保证全行风险控制体系有效运行。

专业性原则：授信审查审批人员要有专业的审查能力。只有专业才能有效识别和发现风险，才能提出权威性的审批意见。

独立性原则：授信审查审批人员应该以外部监管法律、法规和商业银行内部授信政策为准绳，以事实数据为依据，独立开展审查工作，独立发表审查意见。

三、授信审查工作要点

(一) 完整性审查

对授信材料完整性进行审查,审查相关材料是否齐全、完整、准确。

(二) 合规性审查

1. 借款人、担保方式合规性审查,重点审查借款人的主体资格是否符合商业银行内部相关授信政策要求,保证人、抵/质押物的准入是否符合商业银行内部相关授信政策要求。

2. 授信用途及信贷投向的合规性审查,重点审查授信用途是否投入到国家明令禁止的行业领域。审查信贷投向是否被列入国家禁止、限制或控制的行业和企业,生产、经营或投资国家明文禁止的产品、项目。

3. 通过人行征信系统、风险警示客户/预警客户、全国法院被执行人信息查询系统、海关、税务机关、外部媒体等查询行业及借款人动态,重点关注借款人及其关联企业是否存在重大负面信息。

(三) 风险性审查

1. 对借款人承贷能力进行审查,包括对其基本情况、股东关系结构、组织架构、行业背景、生产经营、财务管理、信用状况等情况进行分析和评价。

2. 对担保方式和担保能力进行审查,分析保证人、抵/质押物主体资格及抵/质押权设立的合法性和有效性。

3. 对授信方案合理性和可行性审查，审查授信用途是否与借款人生产经营需求一致、授信产品是否符合借款人结算特点、授信期限是否与企业经营周期匹配、授信额度是否与企业还款现金流匹配、还款来源是否有保证、风险与收益是否匹配。

4. 对借款人的信用状况进行审查，包括在本行历次授信的信用状况以及在同业授信的信用状况。

四、授信审批方式

目前，商业银行普遍采用个人审批与会议审批相结合的审批模式。个人审批是指由一名授信审批人在其授权权限内通过审阅申报材料形成审批结论的方式。通常对金额小、笔数多的授信业务采取个人审批的模式，其优点是效率高、责任清，但对审批人的专业能力和职业道德要求较高。会议审批是指由担任会议主持的牵头审批人和规定人数以上的其他授信审批人分别独立审阅申报材料，并召开审批会议形成审批结论的方式，其优点是集思广益，但缺点是效率低、难以分清个人责任。

授信业务经授信审查后，根据个人审批和会议审批的业务范围和限额，确定审批方式。每年上级审批机构会对下级审批机构（如总行对一级分行）的审批范围以及权限进行分级授权。根据授权情况，一级、二级分行负责权限内授信业务的审批，总行负责超分行权限授信业务、分行申请仲裁授信业务以及总行专业部门上报授信业务等的审批。

第四节 授信实施环节

一、授信实施工作介绍

授信实施包括放款条件与（实地见证）重要法律文件落实、放款资料审核与放款手续审批、抵/质押品凭证出入库管理、信贷档案集中管理、印章管理等环节。授信实施环节细节较多且繁琐，是授信流程中操作风险主要集中的环节，也往往是因操作不当而最终引致信用风险的关键环节。

二、授信实施工作要点

（一）实地见证

授信人员对借款人和担保人进行实地查访，了解借款人和担保人的真实意愿，查验借款人和担保人的主体资格及其法定代表人的身份、授权和印章及签字，见证授信相关法律合同文本的现场签署及加盖公章，办理抵/质押登记并取得登记证明等。

（二）放款审核

按照授信批复及制度规定的相关要求，审核相关授信资料的完整性、一致性及规范性，包括但限于对借款人和担保人基础资料审核、公司有权机构出具的决议审核、合同文本的审核、担保措施审核等；根据最终授信批复文件及相关制度规定，审核贸易背景材料和授信资金支付的合规性；管理、监控授信额度使用情况及相关系统信息的录入和审核操作。

第五节　授信后管理

一、授信后管理定义

授信后管理是指从授信放款到授信到期结清前，对所有可能影响借款人和授信业务还款的风险因素进行持续监测和分析，以便及时发现风险并有效防控风险的管理过程。"七分贷、三分管"是信贷管理的普遍共识，充分说明了授信后管理在控制授信风险、防范不良贷款发生中的重要作用。授信后管理工作既是一次授信工作的后续，又是下次授信工作的开始，因而既要有效风险识别，又要为客户关系的发展做好准备。

二、授信后管理基本原则

全面性原则：对所有授信业务以及影响授信安全的各项风险要素要全面监测和防控，这既包括微观层面的借款人和保证人的经营风险、抵/质押物的价值缩水风险，也包括中观层面的行业风险以及宏观层面的国家政策调控和经济波动对授信带来的不利影响。

及时性原则：要按规定及时开展各项授信后管理工作，发现风险隐患及时预警并采取有效化解措施，以便最大限度地降低风险。

真实性原则：要客观、真实的反映和记载授信后各项检查发现的问题，工作严禁因流于形式而漏报、谎报，贻误风险化解时机。

差异化管理原则：要根据客户实力、业务特征、评级结果、银企历史合作情况等因素，对授信业务和客户实施差异化的贷后监控频率和监控措施。

三、授信后管理的工作要点

授信后管理其主要工作包括：授信用途检查、授信全面检查、收息收贷管理、抵/质押物价值重估管理、风险分类、风险预警等。

授信用途检查：贷款出账后，授信后管理工作人员通过调阅借款人用款流水，检查支付时间、付款方式、收款单位等，对贷款资金用途进行跟踪检查，监督借款人按照业务合同约定的用途使用贷款资金。

授信全面检查：授信后管理工作人员在授信业务存续期内，按照一定频率对授信风险进行全面检查。通过非现场的征信等外部信息查询、财务数据分析、账户变动分析，以及现场对借款人、保证人实地查验、对抵/质押物实地查验等方式收集信息，识别风险。

收息收贷管理：在每个结息日前以及在授信业务到期前或按计划还款到期日前，授信后管理人员要检查客户的还款意愿以及还款资金的落实情况，检查的重点是客户的现金流状况。

抵/质押物价值重估管理：授信后管理工作人员应根据抵/质押物的种类、价值波动特性实施不同频度的动态评估和监测。结合贷后管理工作内容，实地查验房地产、在建工程、机械设备等不动产抵押物以及动产质押物的相关情况，搜集影响抵/质押物价值变化的相关信息，重新测算抵/质押物价值，并将抵/质押物的最新重估价值作为风险分类和贷款减值损失估算及计提专项准备的重要依据，同时对可能存在的风险及时预警。

风险分类：基于贷后管理情况，分析判断借款人及时足额偿还贷款本息的可能性以及违约后预期损失情况，并根据风险状况的不同将授信划入不同的风险类别。

风险预警：针对贷款管理发现的授信风险信号，分析、衡量其风险状况，及时预警以便积极采取应对措施化解风险。

第六节　问题授信化解和资产保全

一、问题授信定义及化解措施

问题授信通常是指贷款风险分类为后三类的授信项目，以及五级分类虽为正常、关注类，但预计到期还本付息存在困难，如果不采取措施进行授信转化很可能会出现逾期欠息的贷款。问题授信化解主要是由于借款人财务状况恶化或无力还款，商业银行为化解授信风险而采取的相应授信措施。常见的问题授信化解方式主要包括：贷款展期、借新还旧和授信重组、授信变更管理。

贷款展期，是指借款人在贷款到期日之前向银行申请延长贷款期限。

借新还旧，又称贷新还旧、以贷还贷，是指贷款到期（含贷款展期后到期）后，借款人未归还或未全部归还，重新向商业银行借款用于归还所欠其在此银行的贷款。

授信重组，是指由于借款人财务状况恶化，或无力还款而对借款合同还款条款作出调整。

授信变更是指除授信重组之外，在不增加授信敞口的情况下对授信合同还款条款或担保合同作出调整的情况，包括对借款人、期限、还款方式、担保等进行调整。

问题授信的化解应以尽最大努力化解风险、最大限度保全资产、减少损失为原则。对确认为到期还款困难的问题贷款，商业银行应对各种潜在处置方式的可行性进行比较分析，对比直接清收保全或诉讼与采取授信化解的效果，选择最优处置方案，最大限度保全资产、减少损失。授信化解应尽量压缩贷款金额，改善担保、缩短贷款期限、分期还款，应严禁为掩盖授信风险而进行无实际意义的化解转化。

二、资产保全定义及保全措施

资产保全是指依法对已形成的或即将形成的不良资产采取各种防范、保护、追偿措施，以减少损失、保护商业银行资产的各项业务活动。这其中不良资产主要包括商业银行不良贷款、不良拆借、不良投资和各项应收账款。

资产保全业务一般分为非诉讼资产保全业务和诉讼资产保全业务两类。非诉讼资产保全业务主要包括：现金清收、以资抵债、债务重组、资产转让、托管经营、非诉讼风险代理清收、呆账核销等；诉讼资产保全业务主要指：诉讼追偿、破产清偿等。

现金清收是指通过有效保全手段，使借款人或保证人以现金方式归还商业银行贷款的资产保全方式。

以资抵债是指当借款人和保证人在贷款到期后均不能以现金形式足额偿付银行债务时，商业银行依据与借款人或担保人签订相关法律协议，取得其有效资产的所有权，用于偿还债务的行为。

债务重组，是指商业银行为确保资产安全，根据借款人和保证人的还款能力对原贷款条件进行调整，以化解或降低资产的风险。债务重组包括债务转移、调整担保方式等。债务转移是指将不良债务从原债务人向一个经营实力强、管理水平高、有较强偿债能力并愿意承担该笔债务的单位进行转移，以降低银行资产风险的业务。提升担保质量是指在借款人不变的情况下，通过在原信用担保的基础上增加担保能力更强的担保人，或在原信用担保的基础上增加抵/质押品，以及在原抵/质押品的基础上增加抵/质押品，降低抵/质押率的方式对债务进行重组，以提高债务的担保偿债能力，降低资产风险的业务。

资产转让业务，是将不良资产对应的债权全部或部分以收回现金为对价转让给第三人的一种不良资产处置方式。资产转让应由法院主持拍卖或采取公开竞争性出售方式进行招标拍卖。

托管经营，是将一时难以变现，但具有经营、使用价值，且通过对其经营权和使用权的开发或资本运作后能够实现保值、减损的资产，采取委托专业资产托管公司或具有托管能力的大型企业及集团进行经营的保全措施。

非诉讼风险代理清收，是指将依靠商业银行自身力量难以清收的不良资产委托外界帮助清收的一种方式，其主要特点是受托方在代理追收时不采取诉讼方式，受托方在清收时承担一定风险，其清收报酬直接按清收成果的一定比例事后提取。

呆账核销，是指商业银行按法定程序用已计提的风险准备金冲销本行产生的符合国家规定条件的呆账贷款，以增强银行经营能力的行为。

诉讼追偿，是指商业银行通过向司法机关提起诉讼、申请执行等方式，向借款人或保证人追索欠款的保全业务。

破产清偿，是指银行对不能按期偿还债务，经营已处于严重资不抵债的债务人，按法定程序申请其破产或参与破产清算，通过对债务人的资产进行清算变卖偿付银行债务的行为。

第三章

授信关键风险点评估及案例分析

根据"二八法则",任何事物都有其关键点,其数量可能只占全部数量的二成,却对事物的发展起着八成的决定性作用。本章将选取授信业务关键风险点进行研究,同时选取"鲜活生动"的案例进行剖析,以理论结合实践的方式探讨风险控制机理。

第一节 授信基本资格评估

一、授信资格评估内容

根据《贷款通则》《商业银行授信工作尽职指引》等国家法律、法规、有关方针政策以及商业银行内部信贷制度要求,调查并判断借款人是否具备授信基本资格,主要应具备以下条件(包括但不限于):

(1)借款人依法设立,是经工商行政管理机关(或主管机关)核准登记的企(事)业法人、其他经济组织;

(2)借款用途明确、合法,且与借款人生产经营需求一致;

(3)借款人生产经营合法、合规,未被列入国家禁止、限制或控制的行业和企业,未生产、经营或投资国家明文禁止的产品、项目;

(4)借款人具有持续经营能力,有合法的还款来源;

(5)借款人银行信用记录、商业信誉状况良好,无重大不良信用记录,无不良行政处罚记录;

(6)对于固定资产贷款,要符合国家对拟投资项目的投资主体资格和经营资质要求,要符合国家对项目资本金的要求,要符合国家队项目投资的合法管理程序；

(7) 其他条件，包括各类授信产品管理、客户管理等规定的其他要求。

二、授信资格评估常见问题

相对于授信其他环节的风险评估，授信基本资格评估的专业性要求较弱，通过查询各类外部信息以及现场调查取证，对照外部监管法规以及内部制度规定，便能发现借款人是否具有授信资格。然而，在实际业务操作中，商业银行在风险评估时往往更重视借款人的财务、经营等方面的风险，而忽略了授信的合法性、合规性等细节方面的要求，进而留下了风险隐患。

三、典型案例

案例 3-1　新建企业被环保部门挂牌督办，银行发现后及时变更了授信限制性条件

借款人 A 为新建企业，隶属于某大型工业集团，集团主营业务包括石油开采、石油化工、汽车销售、出版、印刷五大板块，其中借款人为集团石油化工板块的核心企业。集团中已有两家子公司在某商业银行授信，多年来银企合作良好。2013 年 8 月，借款人 A 也向此商业银行申请授信。

申请授信时，借款人的两套主要石化设备的建设基本完成，100 万吨/年的含硫含酸重质油综合利用装置（催化重整装置）于 2013 年 7 月 22 日开始试生产，180 万吨/年劣质油综合利用装置（延迟焦化）2012

年12月底已经开始试生产。以上项目的建设立项、建设环评手续齐全，但还未进行正式的生产验收。企业主要产品是柴油、汽油，由于母公司每年有230万吨的进口原油指标配给借款人。因此，借款人在原料供应、品质、成本上具有天然的优势。借款人2013年5月财务报告显示，企业总资产35.2亿元，净资产8.1亿元，企业处于试生产阶段，销售收入较少。

授信方案在上报银行贷审会审议之前，经办支行在进一步调查借款人相关外部征信信息时发现其省环保厅对借款人下达了挂牌督办文件：因借款人在建设项目未经环保部门批准的情况下擅自进行试生产，被省环保厅责令企业立即停止试生产，并限于2013年12月10日前补办环评审批手续；若未停止试生产，将依法给予严肃处理。发现上述问题后，经办支行主动向分行反馈情况，分行贷审会在综合评估项目风险的基础上，最终对授信方案出具了限制性批复。放款条件要求如下："要求借款人100万吨/年含硫含酸重质油综合利用装置及其配套设施，180万吨/年劣质油加工装置取得正式生产许可，且营业执照范围中包含以上项目的产品生产、销售后方可提款。"

案例评析：在本案例中，借款人具有明显的原油资源优势且设备拥有多项研发专利，同时借款人在集团中具有重要的战略地位，虽是新建企业，但属于潜在的优质客户。由于试生产阶段环保、安全手续的合规性瑕疵，因此银行对其出具了限制性授信批复，毕竟任何业务的开展都不能放弃"合规第一"的基本政策底线。

案例3-2 借款人生产经营不合国家法规的情况下，商业银行仍然批准对其授信并最终出现风险

借款人A是一家玻璃生产企业，成立于2010年初。自成立至2013年上半年，借款人以生产普通白玻璃为主（即透明玻璃）。为增加产品附加值、提高企业经营利润水平，2013年下半年借款人上线浮法在线镀膜玻璃生产线一条，年产浮法玻璃400万重量箱。截至2013年末，借款人总资产85 362万元，总负债40 352万元，实现销售收入42 589万元，净利润4 586万元。

2014年3月，借款人向某商业银行申请流动资金授信额度8 100万元，用于购买原材料。在授信调查环节经办支行发现借款人浮法玻璃生产线并未列入工信部的《平板玻璃行业准入条件生产线名单》，而借款人解释的原因为"借款人A是当地唯一一家浮法玻璃生产企业，主管职能部门关于平板玻璃准入无相关经验"。经办支行未意识到借款人生产线未被工信部列入准入名单所暗含的重要风险信号，同意为其继续申报授信。而授信审查审批环节也仅仅将其作为"政策风险"而未进行审慎的风险判断，最终批准了授信并提出了"关注借款人工信部准入公告名单申报准入进度，防范政策性风险"的管理要求。

2014年7月，借款人A停产检修。当月，因线路故障导致突发性停电，玻璃熔窑温度骤降、窑砖松动并致部分塌陷，企业最终停火。后续修复窑炉及重新点火需大量启动资金，最终借款人因资金短缺无力复产，商业银行授信到期后逾期。

案例评析：貌似小小的合规风险，往往暗含着重大的信用风险。本案例中，借款人主要生产线未列入国家主管部门的准入名单，一定程度上说明了企业的生产条件和技术属于落后产能，这是后期其停产检修的重要诱因，最终也是因为企业的停产而导致其无力还款。另外，本笔授信的批复将"借款人申报并最终准入工信部公告名单"作为授信后的管理要求，而非放款的必备前提条件，这也一定程度上反映了审查审批环节根本未意识到问题的严重性，这也是导致授信出现风险的重要原因。

第二节 集团客户风险评估

随着企业经营的多元化、集团化的趋势日益明显，集团企业已成为商业银行重要的授信客户群体，给商业银行带来可观经济效益的同时，也带来了巨大的授信风险。

一、集团客户的界定

据中国银行业监督管理委员会颁布的《商业银行集团客户授信业务风险管理指引》，集团客户是指具有以下特征的商业银行的企事业法人授信对象：

（1）在股权上或者经营决策上直接或间接控制其他企事业法人或被其他企事业法人控制的；

（2）共同被第三方企事业法人所控制的；

（3）主要投资者个人、关键管理人员或与其近亲属（包括三代以内直系亲属关系和二代以内旁系亲属关系）共同直接控制或间接控制的；

（4）存在其他关联关系，可能不按公允价格原则转移资产和利润，商业银行认为应视同集团客户进行授信管理的。

二、集团客户风险特征

（一）关联关系难以识别

由于信息不对称，加之集团客户关联方式繁多、关联关系隐蔽且复杂，所以给识别集团客户带来了极大的难度。

（二）关联交易难以防控

关联企业之间往往通过关联交易来美化财务数据，虚增资产规模，致使在授信时，银行难以对企业的经营规模和盈利能力进行正确判断。另外，授信出险后，关联企业之间极易通过资产转移、债务重组等方式悬空银行债权。

（三）过度融资难以控制

集团客户往往利用银企信息不对称的"优势"，在多家银行以多个授信主体分散融资，利用"规模优势"、充分迎合银行喜好"垒大户"的经营策略，获取高额融资额度，当盈利能力难以覆盖融资成本时甚至走上以贷养贷的融资经营模式，最终将风险转嫁给商业银行。

（四）资金用途难以监控

集团客户授信资金往往进入集团资金池内统一调配，使得商业银行难以对贷款资金的实际用途进行跟踪监控，信贷资金甚至于被擅自投资到股权市场、房地产市场等高风险领域，最终引致授信风险。

三、集团客户风险防控建议

（一）加强集团客户识别

除通过分析识别股权关系之外，要充分利用企业之间上下游交易的产品流、应收和应付的资金流、互相担保流、实际控制人家族亲属关系以及充分借助征信系统、互联网站等手段，积极探索关联关系和关联交易的识别方法，降低银企间信息不对称风险。

（二）加强集团客户授信调查

应将整个集团经营风险作为授信风险分析主体，调查分析核心成员企业的经营状况，调查了解集团客户的整体信用状况、经营状况和财务状况，分析集团客户整体财务实力、经营架构、产业链整体运转情况等，评估集团整体风险，撰写集团客户授信调查报告，拟定集团客户授信方案。

（三）对集团客户进行统一授信，集中对集团客户授信进行风险控制

对集团客户授信要实行"先集团客户授信方案，后成员企业客户授信"的管理模式。首先，根据集团客户经营情况以及实际与潜在的授信需求，核定对集团客户的授信限额，即授信总量上限，防止过度集中风险；然后按照先到先得的原则，将集团授信额度在集团成员企业间合理分配，防范结构性风险。

（四）加强贷后监控，及时风险预警

集团客户授信各经办机构应加强贷后监控质效，共同协作、信息共享，有效监控集团客户的风险预警信号，及时防范和化解集团客户授信风险。

四、典型案例

案例3-3　隐性关联难以识别，致使集团客户获得多头大额授信

某省为汽车整车制造大省，企业A、B、C为省内三家汽车零配件制造企业，其中A、B企业注册地为省内X市，C注册地为同省Y市，虽然在股权关系上无关联，但三家企业实为刘某控制下的关联企业。自2008年始，A、B、C三家企业先后与某商业银行Y市的甲支行和X市的乙支行开展授信合作，且进行相互担保（授信时间及担保等相关情况详图3-1）。

图3-1　企业关联关系图

企业 A 最先于 2008 年在甲支行申请授信，由企业 C 做担保。2012 年，企业 B 开始在乙支行授信时，虽由 A 做担保，但股权上未有关联，因此授信经办人员并未发现两者的关联关系。2014 年，企业 C 在甲支行授信，且由企业 B 来担保，自此三家企业互保圈已经形成。在授信后管理过程中，甲支行授信管理人员通过三家企业互保意图调查、上下游客户调查等手段，最终发现三家企业虽股权上无关联关系，但是同为实际控制人刘某控制的关联企业，此时三家企业的合计授信额度高达 4 亿元，已存在过度授信问题。甲支行立即将三家企业纳入集团客户管理，经与乙支行协商，将 A 和 B 企业的授信逐步转移到无其他银行负债、无对外担保且资产较多的 C 企业上，并追加了其他关联企业及部分有效资产提供担保，以防止实际控制人刘某通过关联交易转移资产。由于对风险应对及时，且摸清了集团关联关系及资产情况，甲支行在强化授信条线的同时，逐步压缩了整个企业的授信额度至 2 亿元并优化了授信品种，基本符合整个集团的承债能力。

案例评析：本案例中，三家企业关联关系非常隐蔽，且在同一商业银行的不同支行申请授信，存在故意隐瞒事实来获取银行高额融资的嫌疑，使得授信管理人员难以发现其实质关联关系。但甲支行授信管理人员仍然通过"蛛丝马迹"发现了其关联关系，并及时采取了压降措施，避免了授信风险发生。

案例 3-4　在关联关系已经调查清楚的情况下，应纳而未纳入集团客户管理，导致银行授信损失惨重

企业 A、B、C、D、E 为实际控制人李甲控制下的五家关联企业，其关联关系详图 3-2。五家企业中 A、B、D 均为大宗商品贸易企业，C 和 E 分别为药品和金属制品企业。

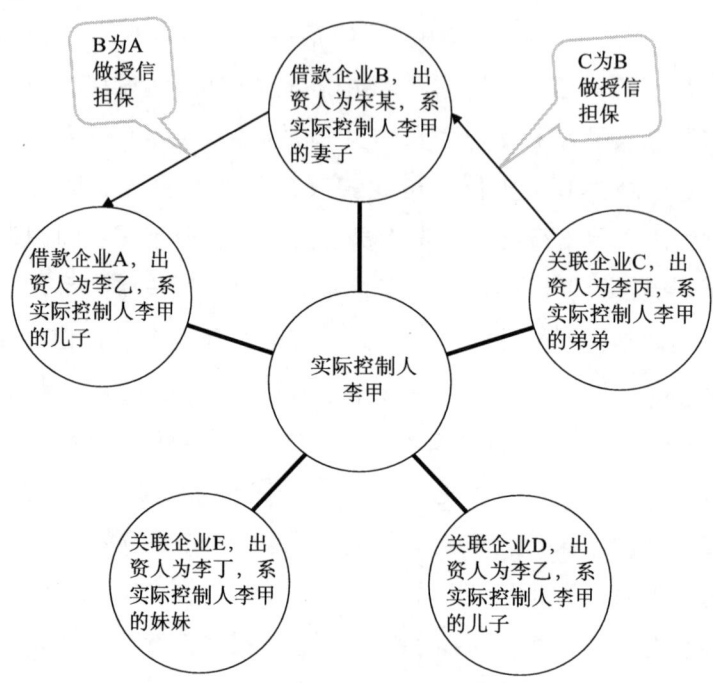

图 3-2 企业关联关系图

2013 年 5 月，企业 A 在某商业银行获批授信额度 1 000 万美元，授信由企业 B 提供授信担保，用途为购买天然橡胶。授信调查环节，经办支行在对企业 A 实际控制人李甲的管理履历调查过程中，发现其曾经担任担保企业 B 的高管，以此为线索"顺藤摸瓜"了解到李甲为企业 B 出资人宋某的儿子，即企业 A 和 B 均为实际控制人李甲控制的关联企业。

同年 11 月，担保企业 B 也向同一经办支行申请授信额度 20 000 万人民币，由企业 C 提供担保，授信用途为购买棕榈油。按外部监管及内部制度要求，此时经办支行应该将企业 A 和 B 纳入集团客户，然后依据集团的经营实力进行核定统一授信额度。另外，此时由于受天然橡胶价格大幅下跌影响（从最高 42 000 元/吨跌至最低的 6 000 元/吨），橡胶贸易企业大幅亏损，地区违约风险集中爆发，企业 A 虽能维持经营，但资金链已经非常脆弱，因此整个企业集团的经营活动已经具有非常明显的风险信号。但经办支行考虑到借款企业 A 和 B 承诺的贷款回报率高，出于业绩增长的目的，对审查审批人员隐瞒了上述情况，审查审批人员在综合考量借款人和担保人的经营状况和承债能力的基础上，最终又批准了企业 B 的授信方案。

贷款发放后，大宗商品贸易持续低迷，借款人 A 和 B 均出现货物滞销问题，约有 2 亿元的货物积压难以回款。除此之外，实际控制人因操作不当导致 6 000 万元的货款被诈骗，另有 9 000 万元的期货业务到期被平仓，最终于 2015 年 5 月，借款人 A 和 B 资金链断裂，其在某商业银行合计约 26 000 万元的贷款到期全部逾欠并且全部损失。

案例评析：除类似案例 1 中企业刻意隐瞒关联关系外，经办支行知而不报也是触发集团客户授信风险的重要原因。类似本案例，经办支行明知借款人之间的关联关系，但为了短期回报而无视风险，知而不报，致使审查审批人员对企业授信方案的整体风险判断出现了严重偏差，最终批准了授信。

第三节　行业风险评估

行业风险评估是对借款人信用风险评估的重要组成部分。行业风险评估主要是通过对中观行业风险评价以及行业内借款人竞争地位评价来综合评估授信风险。

一、行业风险评估要点

（一）行业前景分析

1. 行业特征分析，包括分析市场需求、市场容量、产业链及产品链的构成、商业模式（包括生产模式、销售模式、盈利模式等）、行业价值链（行业产生价值最大部分是什么）等情况及其发展变化趋势。

2. 行业成长性分析，分析行业所处的生长阶段（新兴行业、成长行业、成熟行业、饱和行业）和发展方向。对于周期性行业，应动态的结合行业周期性变化来分析市场变化趋势及价值变动趋势。

3. 行业的竞争格局，主要涉及行业的资本结构、市场结构、行业集中度（例如：分析排名前 4 位或者前 8 位的企业所占的市场份额）、行业进入障碍（若行业存在规模经济弱、铺设销售渠道相对容易、运营成本低、产品同质化程度高、政策限制少等情况，则行业门槛相对较低，反之则反）以及行业内竞争程度（若存在产品价格大幅下跌、企业销售增长乏力、销售回款周期拉长、产品库存积压等情况，则表明行业内竞争加剧，反之则反）。

4. 行业财务分析，分析行业整体利润率、行业效率、行业偿债能力等。

5. 行业关联分析，分析上下游行业对该行业的影响程度以及影响力的变化趋势。

6. 确定影响行业发展的主要外部因素，分析这些因素对行业发展的影响程度和可能性，主要包括国家法律、法规影响、国家产业政策调控影响、宏观经济波动影响、人口等社会因素影响、技术变革影响等。

(二) 借款企业竞争力分析

1. 对于大型企业,根据政府公开数据或者行业协会数据了解企业在该行业的排名;对于无政府或者协会公开数据的一般企业,可依据纳税数据、经营规模、进出口数据等了解其行业排名或在当地所有企业的排名。

2. 从产品成本、产品质量、产品影响力和知名度、生产技术装备、供销渠道优势等方面分析判断企业的市场竞争能力。

3. 通过对企业的"SWOT"(优势、劣势、挑战、机遇)分析,判断企业的发展潜力。

4. 对于批发零售行业,由于企业具有轻资产、高杠杆的特征,实体资产较少、资产周转速度快、对银行融资依赖程度高、自身抗风险能力偏弱,这要求企业具有较高的经营管理能力和资金管理能力,因此对借款人的行业地位应重点分析。

二、典型案例

案例 3-5 某纺织企业授信时行业风险分析案例

A 印染有限公司坐落于某传统纺织大省 Q 市的纺织产业基地,主营各类印染布产品。截至 2012 年末,企业拥有各类染色生产线 3 条,年产印染布达 2 000 万米。A 企业主要是为当地纺织龙头企业 B 提供织布的印染服务,且双方已合作多年,合作基础牢固。2013 年 7 月,因资金周转的需要,企业 A 向某银行申请授信流动资金 4 000 万元,以自有厂房和土地使用权抵押,授信时企业主要财务情况如下:

表 3-1　　　　　　　　　主要财务科目表　　　　　　　　单位：万元

	2013 年 6 月	2012 年	2011 年
总资产	47 178	43 707	31 374
流动资产	22 490	20 598	10 956
其中：应收账款	7 076	9 010	3 827
固定资产	24 688	23 109	20 418
总负债	37 336	34 083	21 852
流动负债	25 010	22 857	2 0527
所有者权益	9 842	9 624	9 522
主营业务收入	13 649	44 993	55 790
主营业务利润	703	2 300	2 775
净利润	369	1 160	1 400

授信时行业总体情况分析：2008 年金融危机以来，纺织行业受到了巨大冲击，纺织业各项发展能力指标均呈现下降趋势，整体发展状况不容乐观。2009 年政府积极推进保增长、扩内需为主的扩张性经济政策，纺织服装行业也不例外，工信部和七部委等部门先后出台了《关于进一步加强纺织企业管理的指导意见》《关于加快推进服装家纺自主品牌建设的指导意见》《关于推进纺织产业转移的指导意见》，并坚持对纺织服装行业出口退税政策不变。在政策的支持下，纺织服装行业开始回暖。源自中国行业研究网的数据显示，2013 年上半年纺织行业出口规模有所扩大，纺织品服装出口额为 1 309.43 亿美元，同比增长 11.85%，出口增速较上年提高了 8.53 个百分点；国内零售需求规模继续扩大，零售额 110 764 亿元，同比增长 12.7%；行业投资规模继续扩大，完成固定资产投资额 3 915.94 亿元，同比增长 15.01%，增速与上

年基本持平；行业生产规模继续扩大，主营业务收入达到 29 297.3 亿元，同比增长 13.3%，生产增速总体趋缓；规模以上企业行业利润规模继续扩大，1~5 月，我国纺织行业累计实现利润总额 1 089.49 亿元，同比增加 18.05%。

回暖的同时，我国纺织行业也一直面临产业结构调整和生产成本上涨、技术陈旧、环保节能等多重压力。产业结构调整是纺织行业面临的首要问题。纺织行业是国家清洁生产的五个试点行业之一，而印染行业又是纺织工业实施清洁生产的重点，将面临越来越高的环保压力。另外，原材料、人工等生产要素成本的持续走高也不断挤压着行业利润。虽然我国棉花、化纤等资源相对富足，但是市场机制不完善限制了有效的商品流通，导致国内棉花价格长期高于国际棉价、化纤长期实行垄断协议价格的现象，削弱了我国自然资源的优势。

鉴于纺织行业的整体发展形势，建议重点支持拥有较强研发能力和市场领导能力的大中型龙头企业，不得介入不符合产业结构调整指导目录的生产工艺、生产设备和产品的企业，严控单一生产型中小企业，严控出口导向性的中小服装生产企业。

授信时地区纺织行业情况分析：Q 市是中国近现代纺织业的发源地之一，与上海、天津鼎足而立，在全国同行业中素有"上青天"的美誉。Q 市的纺织行业产业链比较完善，已建立起规模较大、品种齐全、产业链较长的纺织产业体系，呈现出良好的发展态势。按照纺织的工艺流程，Q 市的纺织产业链结构图如下：

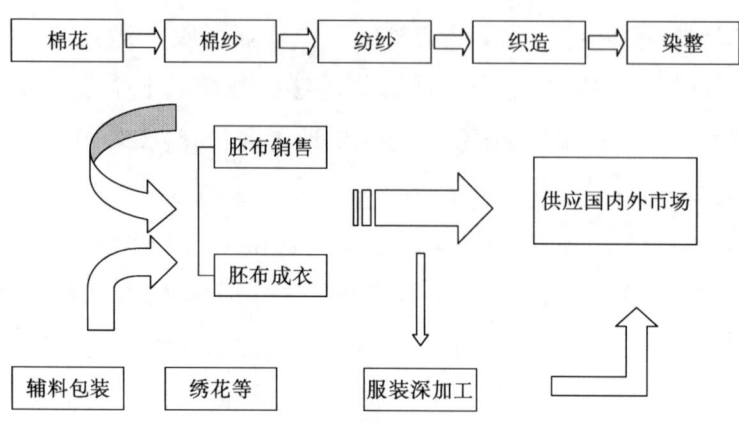

图 3-3 纺织行业的产业链结构

数据来源：Bank Research 佰瑞咨询。

源自佰瑞咨询的数据，Q 市纺织行业共有规模以上企业 337 户，营业收入总额 373 亿元，是当地传统优势行业和区域经济的支柱产业。但 Q 市纺织业的对外依存度高，行业面临内部结构调整，行业整体增长速度呈现放缓趋势，未来"马太效应"会在行业内凸现，竞争力强的大中型企业将获得发展机遇，以代工为主要盈利模式的小型企业会逐步被市场淘汰。

借款人竞争力分析：授信企业 A 属于印染企业，行业虽然面临生产技术落后、能耗大、污染严重的问题，但属于纺织产业链中的重要一环，不可或缺。早在 2006 年，A 企业已投资 1 000 万元建成投产日处理 4 000 立方米的污水处理工程，实现了达标排放和环评正式验收，后期又投资 1 400 万元到污水处理站二期深度处理工程，年可节水 40 万立方米。经营上，企业 A 经营规模在当地排名前列，同时作为当地纺织龙头企业 B 的配套企业（具有一定的高管关联关系），二者合作多年，合作模式主要是来料加工，由 B 企业提供胚布，根据不同的印染方式和胚布材料，A 企业收取不同比例的费用，完成印染后 B 企业收回所有布匹，因此相对于其他同行业企业，A 企业具有明显的上下游渠道优势。鉴于纺织行业在 Q 市的支柱性优势、印染在纺织行业链条中的不可替代性以及 A 企业的渠道优势，建议给予 A 企业授信。

案例评析："行业看地区、地区看企业。"本案例中，纺织行业作为 Q 市的支柱产业，产业链完善且具有较大规模。虽然印染属于审慎介入行业，但是借款人作为当地纺织龙头的配套企业，具有稳定的销售渠道，且授信以房地产抵押，因此最终批准对其授信。

第四节　财务风险评估

财务报表是企业日常经营活动的真实反映，商业银行对授信企业的财务分析旨在从债权人的视角透过企业的财务数据了解企业经营业绩和财务状况，评估企业的还款能力。

一、财务分析总体思路

（一）阅读财务报告，整体把握

审核借款人提供的财务报告是否经过独立、合法的会计（审计）师事务所审计；阅读审计财务报告，包括审计结论（无保留意见、带强调事项的无保留意见、保留意见、无法表示意见、否定意见），对企业经营状况进行初步了解。

审核出资情况,应查询工商登记系统,核实股东出资的真实性。如果是现金出资的,要核验缴款凭证和验资报告;如果是实物和无形资产出资的,结合验资报告和资产评估报告,分析实物及无形资产价值的公允性。

(二) 细节分析,找出疑点

1. 资产负债结构分析。对比借款人近三年的资产负债率及变化情况,分析资产负债变化趋势。分析借款人的资产结构,根据不同的企业类型分析资产结构中流动资产、固定资产、无形资产、长期股权投资的占比是否在合理的范围之内(资产结构特征与企业类型的对比数据见表3-2)。分析借款人的负债结构,通过付息债务、短期借款、长期借款的占比情况分析借款人负债结构的合理性。分析借款人的应收账款、存货等真实财务状况,应收账款是否与主营业务密切相关,应收账款质量如何,存货是否与借款人经营规模相符;分析主要资产负债科目的变化情况及变化原因;关注任何高估资产、净资产及利润或低估负债的情况;分析借款人或有负债情况,尤其是需重点分析对外担保情况金额、对外担保对象及信用状况、对外担保对借款人的可能影响;在综合考虑和分析上述各种情况的基础上,评价借款人的短期和长期偿债能力。

表3-2   资产结构特征与企业类型

企业类型	某类资产	某类资产在总资产中的占比
贸易型企业	流动资产	一般大于70%
生产型企业	固定资产	一般大于50%
投资型企业	长期股权投资	一般大于70%
高科技企业	无形资产	一般大于35%

2. 盈利能力分析。通过比较分析近 3 年借款人主要产品的产量、成本费用、销售收入、利润总额的变化趋势，对于变化幅度较大的说明原因；测算和比较近 3 年的总资产周转率、总资产报酬率、应收账款周转率、存货周转率、应收及存货增长是否超过销售收入的增长等，纵向或横向比较，分析企业经营能力；通过对借款人近 3 年销售利润率、净资产收益率、总资产利润率、成本费用利润率等指标的测算，分析影响借款人盈利的原因，评价其盈利能力。

3. 现金流量及还款能力分析。

（1）经营活动现金流分析：

• 以经营活动现金流为重点，并结合投融资现金流，评估偿债能力，预计未来现金流入超过现金需求的水平和可能性。

• 分析不同性质现金流量的均衡性，了解企业所处的生命周期、企业经营发展的稳定性和企业主营业务的强弱程度。

• 分析大额非持续性现金流量的内容和对现金的增减、偿债能力的影响，是否存在利用经营性债权债务，调节经营性现金流量的情况。

（2）投资活动现金流分析：若净流量小于零，则分析投资内容是否符合客户发展战略，是否带来固定资产增长，并分析对未来经营的影响；若净流量大于零，则分析流入部分的内容来自回收投资还是取得投资收益，是由于企业转产还是变卖资产，并分析对未来现金流的影响。

（3）筹资活动现金流分析：分析是为扩大经营筹资，还是由于投资活动及经营活动现金流出失控而不得已筹资，同时分析主要的筹资渠道。

（三）顺藤摸瓜，核实疑点

通过财务数据对比分析、实地核验等方式，顺藤摸瓜，进一步核实企业财务数据的真实性，以便对企业的真实财务状况做出客观判断。

二、财务数据真实性核实方法

财务不规范现象在很多企业尤其是中小企业中普遍存在，加之银企之间信息不对称，这给商业银行风险管理带来了极大的困难。基于日常信贷风险管理实践，下面介绍几种常见的财务数据核实方法：

（1）财务报表内部逻辑推敲法。资产负债表、损益表、现金流量表是一个有机整体，"三表"之间具有明确的勾稽关系，可以交叉验证相关科目的真实性。例如：正常情况下，经营活动产生的现金流入量应近似于销售收入减去应收账款的增加额，如果出入很大，可以再看预付账款是否增加很多；出入仍较大，就应引起高度关注，值得怀疑，应继续搞清原因。

（2）外部信息法。可以通过增值税和所得税的纳税额来核实借款人销售收入和利润的真实性；通过政府、行业协会、上市公司等发布的行业指标信息，核实借款人相关财务指标的真实性；通过查询海关数据核实借款人的国际贸易采购情况和销售情况。

（3）现场核查法。可以通过实地调查，现场进入借款人的财务软件系统核实借款人财务报告的真实性；可以通过盘查企业出、入库单、原始发票凭证等来核实借款人销售收入的真实性；可以通过电费、水费等能耗情况倒推申请的经营情况；可以通过查询银行流水、代发工资情况推算借款人的经营情况。

三、典型案例

案例 3-6　未调查并分析重大财务数据变化原因

借款人 A 是一家贸易企业，成立于 2006 年 12 月，主营化工原料销售。自 2007 年开始在某商业银行授信。2009 年 4 月，A 向此商业银行申请授信续做，额度 5 000 万元，以当地某房地产开发企业 B 提供连带责任保证担保。申请授信时，借款人主要财务指标如下：

表 3-3　　　　　　　　　主要财务指标　　　　　　　　单位：万元

	2007 年	2008 年	2009 年 3 月
总资产	14 625	29 837	25 664
净资产	3 990	7 183	7 241
应收账款	1 598	2 677	2 886
固定资产	690	3 926	3 920
短期借款	0	31 65	3 285
应付票据	0	12 656	12 772
销售收入	24 364	52 810	4 935
利润总额	1 560	2 010	457

财务报告显示，借款人银行融资规模、总资产、固定资产、净资产等重点科目大幅变动，授信调查环节未就重点科目的变动情况进行原因分析，也未基于借款人的实际经营情况就重点科目变化的合理性进行调查分析。同时，财务报告显示截至 2009 年 3 月借款人银行融资规模（短期借款和应付票据）为 16 057 万元，而中国人民银行征信显示借款人银行融资规模为 35 462 万元，调查报告中反映借款人银行融资仅 6750 万元。针对上述巨额差异，授信调查环节也未认真调查核实借款

人的实际融资情况以及借款人大额融资的实际用途是否与其经营规模相匹配。对于调查环节存在的以上问题，授信审查审批环节也未要求经营单位进一步调查核实借款人及担保企业的经营状况、融资情况等，未揭示企业财务数据、融资规模等相关风险点，并最终批准了授信。

该笔授信放款后，借款人A经常发生欠息现象，贷后检查发现借款人主营业务基本停滞。经调查了解，借款人经营资金基本全部被实际控制人挪用至保证人B（同一控制人下的关联企业）的房地产项目，由于缺乏房地产开发经验，缺少长期资金支持，项目进度缓慢，前期投入资金难以及时回笼，最终导致整个集团资金链断裂，商业银行的授信到期后便出现逾期。

案例评析：本案例中，授信调查环节未将重大财务数据的变化原因调查清楚，相关问题也未引起审查审批环节的足够重视。因上述两个授信环节的履职不到位，使得商业银行未能通过财务疑点发现借款人的经营风险和房地产投资风险，这是这笔授信出险的主要内部原因。

案例3-7　未核实财务数据的真实性，进而未能发现企业的经营风险

借款人A是一家汽车零部件生产企业，主要为东风客车公司供应汽车发动机。借款人A于2016年3月向某商业银行申请授信额度5 500万元，授信时提供的报表反映2013～2015年收入分别为42 749万元、43 530万元、46 011万元。在授信调查报告中，经办支行描述了对财务数据的调查结果为：账实相符。鉴于借款人经营正常、供销渠道稳定、销售收入稳步增长，综合考虑授信方案的情况下，审查审批环节最终批准了本笔授信。

2016年末，借款人在此商业银行的授信出现欠息，出险后经办支行了解到由于商用车市场波动，市场竞争激烈，借款人主营业务大幅萎缩，同时实际控制人盲目对外投资，占用大量资金，最终导致资金链断裂。经办支行进一步核实借款人财务电脑才查实借款人 2013~2015 年的实际销售收入分别仅为 8 423 万元、8 792 万元、3 379 万元，授信调查环节调查反映的借款人销售情况与实际销售收入相差巨大。

案例评析：当下部分企业为了维持经营现金流和获得银行融资，不惜夸大经营信息，提供经过粉饰或含有虚假成分的财务报表。授信调查阶段，调查人员仅根据借款人提供的财务报表就认定企业的销售及资产负债情况，未对企业经营情况及关键数据的真实性、合理性进行深入调查分析，有效识别财务报表中的虚假成分，依此得出的授信额度也相应会产生误差，极易误导后续授信决策环节的判断。

第五节　经营风险评估

一、经营风险评估要点

第一，了解借款人及其集团的股权结构、主要控股股东或实际控制人、法人治理结构等，评价对借款人经营的影响。

第二，分析借款人的经营范围和主导产品，并从产品、行业、区域等多维度分析收入、利润的情况。对于生产型企业，分析其主导产品及构成情况、产能和销售规模、核心技术及水平、市场占有率等；对于流通企业，分析借款人的主要经营范围和主导产品，判断其经营特色和竞争优势；对于投资类企业，分析其主要投资方向、投资结构及投资回报。

第三，分析借款人产品供销情况，包括主要的原料供应商、主要销售对象、供销模式、结算模式、供销货合同、上下游客户的集中度等。

第四，了解借款人近期已发生和将要发生的相关重大事项，并针对重大事项对借款人主营业务的影响进行风险分析。如有固定资产投资，了解固定资产项目的建设情况，包括近期固定资产项目投资产能释放情况，固定资产项目对借款人主营业务的影响，项目的总投资、投资缺口、资本支出压力等情况。对于借款人及其实际控制人涉及房地产项目投资的，应等同于住房开发贷款的风险分析模式，对项目风险进行分析。

第五，对于授信申请为固定资产贷款、项目融资贷款、房地产开发贷款、经营性物业抵押贷款、土地开发贷款等，还应从资金、技术、市场、建设条件、净现值、内部收益率、现金流量等方面判断投资项目的可行性。

第六，综合以上分析，评价借款人的综合竞争能力和经营业绩以及存在的问题，判断未来发展变化趋势。

二、经营风险分析常见问题

虽然我国号称"世界工厂"，但实体经济总体是大而不强，与国际领先企业相比，大多数实体企业处于产业链的中低端，工业生产总值的增长过度依赖投资和规模效益，快速扩张成为企业获取利润的有效途径。由于权益性资金来源有限，企业投资资金主要依靠银行负债，期限错配、短贷长用现象普遍。另外，受生产成本持续上升、利润空间不断受到持续挤压的影响，实体企业投资虚拟市场（如房地产、金融、股票)"赚快钱"的现象屡见不鲜,"脱实向虚"不但挤占了企业的经营资金,也集聚了金融风险。一方面,由于企业对外投资比较隐蔽,授信调查环节难以发现企业的投资行为,而审查审批环节对于企业对外投资风险也往往存在风险判断不审慎的问题。另一方面,在授信准入环节,商业银行对企业的对外投资情况普遍过于乐观,导致对项目风险调查不深不透、对风险判断不审慎,当企业经营出现风险信号时,授信后管理或者资产保全环节往往已为时已晚,银行发放的流动资金贷款可能已经固化为固定资产"半成品",钱变物容易,但物再变成钱却并不容易,银行贷款很难按期收回。据统计,某商业银行2016年处置的法人客户不良授信中,因借款人(或其实际控制人或关联企业)对外投资失败引发授信风险的占比为53%。因此,在本案例部分,主要对借款人或其实际控制人或关联企业投资失败的案例进行分析。

三、典型案例

案例3-8 借款人经营模式转型失败引致风险

借款人A进出口贸易有限公司成立于2002年,注册地为某沿海城市,主营成品服装的进出口贸易,经营模式主要为上游两家内地服装制造企业代理出口。企业管理层行业经验丰富,多年来与国内外企业建立了稳定的供销合作关系,经营稳步增长。自2009年开始,借款人与某商业银行授信合作,直到2015年共计开展7轮授信,额度始终维持在5 000万元。2016年5月授信续作时,借款人申请提高授信额度至8 000万元,鉴于多年来借款人经营稳定,银企合作良好且借款人仅此一家授信银行,整体负债水平较低,银行综合考虑各方面因素的情况下批准授信额度7 000万元。

2016年8月,在本轮授信的第一次贷后实地检查过程中,借款人实际控制人告知银行工作人员企业因受突发事件影响,经营困难,后期将难以还贷付息。进一步核实得知,借款人自2015年开始,为提升利润空间,经营上由原先的纯代理出口模式改为自营模式。2016年初,借款人与下游国外客户签订了1 200万美元的服装订单,在下游客户支付了10%即120万美元的订金后,借款人与上游服装制造企业"B制衣有限公司"签订了生产订单,并按照合同约定支付了20%即240万美元的订金。7月,上游服装公司B的实际控制人因涉税问题被相关部门采取了强制措施,导致工厂停工,订单未能及时交付。这造成借款人不但无法收回前期支付的订金而且还要按照合同约定赔付下游国外客户货款两倍的高额赔偿。最终,借款人资金链断裂,经营中断,商业银行授信到期后逾期。

案例评析:本案例中授信调查环节,经办支行调查不够深入,未及时发现客户经营模式的重大变化。正是由于主要上游客户突发案件,影响了对下游境外客户的正常供货,导致借款人违约被索赔,最终引致授信发生风险。

企业的生产情况、上下游经营模式及结算方式是企业经营的重要信息,任意一个要素发生改变,都将直接影响企业的资金周转速度和现金流情况。对于企业经营模式发生改变的,要深入分析该变化对企业经营会产生哪些潜在影响,结算方式、盈利模式是否发生改变,是否影响上下游对企业的资金占用周期,是否影响企业的资金周转速度等,进而评估授信风险状况。

案例3-9　固定资产投资或对外投资失败,挤占借款人经营资金,导致借款人经营困难

案例3-9-1　借款人大额投资于房地产项目失败

借款人 A 药业有限公司，成立于 2005 年，主营药品的批发和物流，注册资本人民币 11 100 万元。截至 2014 年末，企业总资产 195 091 万元，总负债 103 611 万元，销售收入 496 321 万元，净利润 15 346 万元。2014 年 9 月，某商业银行给予借款人 F 药业有限公司授信净额 5 000 万元，担保方式为连带责任保证担保。

自 2009 年始，借款人开始投资某三线城市商贸城项目，该项目总占地面积约 727 亩，总建筑面积 130 万平方米，总投资 50 亿元。针对商贸城项目情况，2014 年授信时授信调查环节仅仅预测了其建成后的发展前景，未对项目建设进度、销售进度、资金到位状况等关键风险点进行深入调查分析；审查审批环节仅仅提示"借款人对外投资量大，可能影响其流动性"。事实上，商贸城项目于 2011 年项目正式动工，因没有银行中长期的房地产开发贷款支持，项目资金来源主要依靠银行短期借款以及民间借款，因资金供应不到位致使项目建设进度缓慢，加之销售不畅使得投资回款困难，最终导致借款人资金链断裂，进而银行授信出现风险。

案例 3-9-2　借款人扩建新产能失败

借款人 B 成立于 2003 年 7 月，主要经营冷轧硅钢、冷轧带钢加工生产、销售，注册资本 28 000 万元，由自然人刘某 100% 出资控股。自 2008 年起，借款人与某商业银行进行授信合作，先后进行了 6 轮授信。2012 年授信时，授信调查环节了解到借款人拟新上 20 万吨冷轧项目生产线，并已购置了土地、新建了厂房，鉴于企业自有资金以及中长期贷款能基本覆盖项目 20 万吨新项目的总投资，且新项目投产后可以丰富企业产品体系，增加技术附加值，具有良好的市场前景，因此商业银行同意给其授信。2013 年 7 月授信时，授信调查环节了解到新项目中部分生产线已经在生产，但部分生产线厂房空置，机器设备尚未到位。据企业解释，由于考虑到机器设备需要调试、新产品需要拓展市场，暂时达产 10 万吨产能，剩余的 10 万吨产能的机器设备很快到位。由于授信调查人员对此企业产品、技术领域不具备专业知识，在未经进一步核实的情况下轻信了企业的解释，并将上述相关情况在授信调查报告中进行了反馈，最终商业银行仍然同意给其续授信 8 000 万元，但要求经营单位加强对企业新项目的建设及投产情况。

  本轮授信放款后，在授信后管理环节发现企业剩余 10 万吨产能机器设备一直未能到位，并且自 2013 年 12 月开始借款人出现欠息现象，进一步证实了企业现金流紧张的问题。后经向多方了解，借款人的"20 万吨冷轧项目"实为一期 20 万吨，二期 30 万吨，合计 50 万吨，而已达产的为一期 20 万吨，而非 10 万吨。2013 年下半年，钢铁行业下行，产能过剩，价格大幅下跌，利润锐减。企业的 20 万吨冷轧项目自投产以来，单位成本居高不下，而因资金不到位二期 30 万吨冷轧项目投资建设搁置，这导致产能得不到有效释放，无法实现规模效应。企业因投入大量资金进行土地、厂房及生产线建设，资产流动性降低，持续经营能力减弱，经营陷入困境，2014 年 7 月该笔授信到期后便出现了逾期。

  案例评析：两个案例中，授信调查环节在已知借款人具有新建项目的情况下，或因自身专业素质受限，或因心存侥幸，没有深入调查并摸清新建项目的计划总投资、资金来源、建设进度、投产情况或销售情况等关键风险点。审查审批环节乐观地估计了项目正常达产或销售后对企业的积极影响，却严重低估了项目失败后对企业带来的不利影响。最终企业是因投资失败固化了资金，导致资金链断裂。

第六节 授信用途、授信额度与还款来源分析

用途异化是授信出现风险的重要根源。授信用途关乎借款人资金需求的真实性，关乎授信额度的合理性，关乎授信还款来源的可靠性，最终关乎银行信贷资产的安全性。授信用途的真实性历来是银行授信"三查"的重点，也是监管合规要求的重点。中国银行业监督管理委员会"三个办法一个指引"将授信用途管理以监管法规的形式明确下来，规定"贷款人应与借款人约定明确、合法的贷款用途，并按照约定检查、监督贷款的使用情况，防止贷款被挪用"。还款来源与授信用途直接相关，授信资金所向便是还款资金的重要来源。对于流动资金贷款，贷款用途对应的企业经营活动现金流入便是主要还款来源；对于固定资产贷款，贷款用途对应项目的经营活动现金净流入是主要还款来源。除此之外，对于流动资金贷款来说，授信用途也是核定贷款额度的重要依据。因此，加强授信用途核查既是监管合规性的要求，也是银行主动防范信用风险的要求。

一、授信用途分析要点

合规性分析：除前述的贷款用途不得投入国家明令禁止的产品或项目外，对于流动资金贷款不得用于固定资产、股权等投资，这些用途由于不确定因素多，容易造成授信到期不能按时收回甚至损失；对于固定资产贷款，不得用于未按国家规定取得项目批准文件、环保批准文件、

土地批准文件和其他按国家规定须具备的批准文件的项目以及已被国务院《促进产业结构调整暂行规定》和国家发展和改革委员会《产业结构调整指导目录》列为淘汰类的项目以及限制类的新建项目。

真实性分析：调查分析客户贷款的真实原因，通过对其经营规模、上下游客户结构、结算方式与授信额度、品种的对比分析，判断授信用途的合理性；尽可能收集借款人购销合同、发票凭证等用途作证材料，并可通过电话核实等方法来判断交易背景的真实性；如为存量续授信业务，需了解原存量授信用途的执行情况，同时需了解本次授信与原授信是否存在用途变化及额度变化情况，如有应说明原因，并分析其合理性。

二、授信额度测算

（一）流动资金贷款额度的确定

企业流动资金贷款需求量通常按照日常生产经营所需营运资金与现有流动资金的差额进行确定。中国银行业监督管理委员会明确要求商业银行要"应合理测算借款人营运资金需求，审慎确定借款人的流动资金授信总额及具体贷款的额度，不得超过借款人的实际需求发放流动资金贷款"。按照中国银行业监督管理委员会《流动资金贷款管理暂行办法》要求，商业银行应根据借款人经营规模、业务特征及应收账款、存货、应付账款、资金循环周期等要素测算其营运资金需求，综合考虑借款人现金流、负债、还款能力、担保等因素，合理确定贷款结构，包括金额、期限、利率、担保和还款方式等。

合理测算借款人营运资金需求，审慎确定借款人的流动资金授信总额及具体贷款的额度，按以下方法测算其流动资金贷款需求量：

1. 估算借款人营运资金量

借款人营运资金量影响因素主要包括现金、存货、应收账款、应付账款、预收账款、预付账款等。在调查基础上，预测各项资金周转时间变化，合理估算借款人营运资金量。在实际测算中，借款人营运资金需求可参考如下公式：

营运资金量 = 上年度销售收入 ×（1 – 上年度销售利润率）×（1 + 预计销售收入年增长率）/营运资金周转次数

营运资金周转次数 = 360/（存货周转天数 + 应收账款周转天数 – 应付账款周转天数 + 预付账款周转天数 – 预收账款周转天数）

周转天数 = 360/周转次数

应收账款周转次数 = 销售收入/平均应收账款余额

预收账款周转次数 = 销售收入/平均预收账款余额

存货周转次数 = 销售成本/平均存货余额

预付账款周转次数 = 销售成本/平均预付账款余额

应付账款周转次数 = 销售成本/平均应付账款余额

2. 估算新增流动资金贷款额度

将估算出的借款人营运资金需求量扣除借款人自有资金、现有流动资金贷款以及其他融资，即可估算出新增流动资金贷款额度。

新增流动资金贷款额度 = 营运资金量 – 借款人自有资金 – 现有流动资金贷款 – 其他渠道提供的营运资金

3. 需要考虑的其他因素

（1）应根据实际情况和未来发展情况（如借款人所属行业、规模、发展阶段、谈判地位等）分别合理预测借款人应收账款、存货和应付账款的周转天数，并可考虑一定的保险系数。

(2) 对集团关联客户，可采用合并报表估算流动资金贷款额度，原则上纳入合并报表范围内的成员企业流动资金贷款总和不能超过估算值。

(3) 对小企业融资、订单融资、预付租金或者临时大额债项融资等情况，可在交易真实性的基础上，确保有效控制用途和回款情况下，根据实际交易需求确定流动资金额度。

(4) 对季节性生产借款人，可按每年的连续生产时段作为计算周期估算流动资金需求，贷款期限应根据回款周期合理确定。

（二）固定资产贷款额度的确定

固定资产贷款额度通常是项目总投资与资本金之间的差额。为防止借款人通过做大项目总投资来套取银行贷款，授信调查环节应摸清项目总投资计划、资金来源计划以及审慎判断作为主要还款来源的项目未来收益。对于总投资计划，要摸清静态投资部分（包括工程建设费、设备购置费、建筑安装费及其他费用）和动态投资（除静态投资外，还包括贷款利息、铺地流动资金、涨价预备费等）情况。对于资金来源计划，除项目资本金规模、比例和到位情况外，需重点调查差额资金的来源计划、资金获得的可能性以及已落实的资金情况，防止其他自筹资金没有落实到位的情况下发放贷款。要横向对比类似项目的经营情况，审慎判断项目的未来收益状况。基于项目总投计划与项目资本金以及已落实的其他自筹资金的差额，综合考虑项目风险水平和未来收益状况，合理确定贷款金额。对于风险偏大的项目，可以通过要求借款人提高资本金比例的方式，降低银行贷款份额。基于风险分散的原则，商业银行也可以采用联合贷款或者银团贷款的形式，降低贷款份额。

三、还款来源分析

授信时,商业银行应充分分析授信到期后,借款人用什么资金来偿还?还款来源是什么?来源可靠吗?企业的现金来源主要来有四种途径:营业收入、处置资产收入、银行借款和股东权益性资金投入。商业银行应该充分调查并审慎分析借款人最可能的还款来源,并据此制定合理的还款计划。

对于营业收入作为还款来源的,商业银行应通过对企业经营情况、财务状况的分析,重点通过企业经营活动现金流量、现有银行负债金额及还款期限、盈利能力等分析,判断其还款来源的可靠性;如果还款来源依赖于与融资用途有关的项目或某笔交易顺利完成,重点调查分析该项目或交易顺利完成的可能性。

对于可用资产处置变现来偿还债务的,商业银行应着重分析借款人资产负债表中的资产科目状况和质量。尤其对于投资性资产,调查和审查的重点是借款人所投资项目的控制能力、被投资项目的经营情况和分红政策,以及升值潜力、变现能力(如投资房地产),由此判断还款来源的可靠性。

对于存在可用其他银行借款偿还本行贷款的,尤其是借款人融资能力较强,与各融资渠道保持良好关系的,商业银行可调查客户在其他银行的额度、期限、使用条件等,判断此还款来源的可靠性。

其他情况,如果还款来源属于某项非经营性的现金收入,重点调查和分析该笔现金收入来源是否可靠;借款人是否有备用流动资金包括但不限于增资扩股、银行已经承诺的信用支持、变现能力很强的有价证券等。

四、典型案例

案例3-10 授信额度与实际经营需求不符

借款人A是一家洗涤用品、化妆用品的批发零售，是宝洁公司在借款人经营所在地区的总代理。截至2013年12月末，借款人总资产1 177万元，总负债7 062万元，主营业务收入5 401万元，净利润178万元。2014年3月，某商业银行给予借款人2 000万元授信额度，授信到期后便出现风险从而未能还款。

授信调查环节，经办支行通过实地调研，了解到借款人进出货及资金周转规律为：借款人A与上游宝洁公司签订产品购销合同，由上游公司向宝洁总部签订订单，宝洁总部直接将订购货品发送至A公司，从A公司提交订单到收到货物大约需一周的时间；而借款人销售资金回笼期在下游客户收到货品的半个月内。同时，根据收集的授信资料显示借款人的下游回款一般是现款，仅针对少量客户给予几万元的赊销额度。从借款人上述购销及资金使用规律来看，一个完整的购销流程的资金周期大约为1个月，企业资金周转速度较快，一年基本可以达到10次左右。因此，基于近年来的销售规模可以大致判断500万~600万元资金规模便基本可以保证借款人的正常营运周转，商业银行给予其2 000万元授信额度明显超过了其正常需求。后续资产保全环节在盘查借款人及其实际控制人的资产过程中，经办支行了解到借款人实际将银行贷款连同日常经营资金投资到广东佛山的地产项目，以期在房地产项目中攫取高额收益，最终因资产固化，难以变现，造成其主业中断。

案例分析：在授信调查和审查审批环节，授信人员对借款人经营模式、资金周转情况所对应的贷款资金需求测算不准确、不审慎，导致授信额度与借款人自身经营实际需求严重不符、对借款承贷能力严重不符，放大了风险敞口的同时，也忽视了对借款人真实授信用途的研判，忽视了重要的风险信号。

第七节　担保风险评估

授信担保，通常被称为授信第二还款来源，是缓释授信风险的重要手段。传统的担保措施一般包括保证、抵押、质押三大类。合格的保证和抵/质押一方面可以提高借款人的违约成本，降低其违约倾向和违约概率；另一方面可以在借款人违约后为商业银行提供了一种补偿机制，通过处置抵/质押物和追索保证人，降低授信的违约损失率。

一、担保风险评估要点

（一）在授信准入环节，授信担保风险的评估要点

1. 对保证担保应重点调查和审查事项

（1）保证人是否满足《担保法》等相关法律规定，具有合法的保证资格。

（2）保证人资信状况是否良好，是否具有代偿能力。

（3）应分析保证人与债务人之间是否存在实质性的风险正相关关系。

2. 对抵押担保应重点调查和审查事项

(1) 抵押财产是否满足《担保法》《物权法》等相关法律，是否属于法规禁止抵押的财产。

(2) 抵押财产的权属是否清晰、是否有争议。

(3) 抵押财产是否有其他抵押权或质权设立在先。

(4) 抵押财产是否已出租；对于抵押物存在出租情况的，应调查和审查租赁合同情况，防范抵押物难以处置和价值大幅缩减等风险。

(5) 抵押财产评估价值的合理性，抵押财产的价格波动幅度、变现能力、储存难度。

(6) 对于以土地及建筑物抵押的，应查看土地或建筑物购买合同或其他合同，了解是否设置了转让限制条件等；以在建工程抵押的，应当要求抵押人出具国家有关部门颁发的规划、建筑、用地等相关许可证件，以确保在建工程的合法性，并注意与施工方确认应付工程款情况，以防抵押物存在其他优先于银行债务的留置权。

3. 对质押担保应重点调查和审查事项

(1) 质押财产和质押权利是否属于《担保法》《物权法》等相关法律允许质押的财产和权利。

(2) 质押财产和质押权利是否权属清晰且无争议。

(3) 质押财产和质押权利的价值是否稳定，是否具有活跃且易于变现的交易市场。

(4) 以存货质押的，应按照《商业银行资本管理办法（试行）》等国家法律、法规的相关要求，建立监测存货风险的相关机制和程序。

（二）在授信存续期间，授信担保的检查要点

1. 对保证人的资信状况和偿债能力及保证合同的履行情况进行检查。

2. 抵/质押物的权属是否发生变化。

3. 按照一定频率要求，定期对抵/质押物状态情况以及价值情况进行检查和测算，若抵/质押物当前价值较授信时确认价值发生明显下跌，应及时预警并采取要求借款人补足担保物或者压缩授信额度等补救措施。

4. 出质人或抵押人是否按照抵/质押合同的约定履行各项义务。

5. 抵/质押物是否存在被依法查封、冻结、扣押、非法占有等影响商业银行处置变现的事项，尤其重点检查并防止抵押人采用非合理方式使用抵押物导致其价值减少。

6. 抵押物和质物的财产保险是否到期，若到期有无续保等情况。

7. 对存货定期进行实物检查。

（三）抵/质押品价值管理

1. 授信申请时，应当对抵/质押品的价值进行评估，授信审查人员应对评估机构的评估结果进行审核，评估价值不能超过当前合理的市场价值。

2. 授信存续期内，应定期进行抵/质押品重新估值，市场波动大时应及时进行重估。

（1）对商用房地产和居住用房地产的重新估值至少每年进行一次。

（2）对于货押业务，应定期进行实物检查，基于市场供求关系和未来市场前景，合理确定存货价值。

（3）对于应收账款质押授信业务，应进行应收账款的监控并定期确定应收账款价值。

二、担保管理存在的主要问题

除信用贷款外,授信准入时对担保的基本要求是足额有效,然而过去几十年的教训表明,当贷款发生风险后,担保的受偿率却极低。以某商业银行2016年处置的不良资产为例,全行贷款的担保受偿率仅为31%,其中纯保证类贷款受偿率仅为15%,房地产抵押类贷款受偿率为41%。究其原因,主要有以下几个方面:

第一,保证人担保能力不足。一般而言,非相关的利益主体间难以提供担保,因此授信担保人往往与借款人之间具有一定的"利益关系",常见情况为借保双方为互保客户或同一集团内的关联客户。两者之间的相关性,往往造成当一方经营出现风险时,极易传导至另一方,从而同时丧失偿贷能力。

第二,抵/质押物价值贬损问题突出。以房地产抵押物为例,从银行近年来处置的不良贷款情况来看,房地产抵押物最终处置变现价值平均仅为授信准入时评估价值的1/4。抵/质押物价值贬损纵然受外部市场变化因素影响以及社会对待不良资产的心理因素影响,但更主要的是商业银行内部管理上普遍存在不足之处。

(1) 授信准入时,抵/质押物价值评估过分依赖外部评估机构,估值往往过于乐观。一方面,现阶段商业银行普遍缺乏专业的估值团队,抵押物估值管理相关岗位人员由于素质能力受限,暂无法对房地产抵押物价值自行独立评估。另一方面,对外部评估结果的合理性核验不足,尤其对因评估方法选择的不同而造成的评估价值差异交叉核验不足。

(2) 资产处置时,快速变现影响了抵/质押物的变现价值。自2013年以来,我国银行业信用风险加速暴露,银行业金融机构资产质量管控压力日益加大，使得资产处置处于买方市场，压价现象严重。

第三，法律的可执行较差。目前，借款人违约后，我国法律尚不允许商业银行即时对抵/质押品进行清算、强制转让或收为己有。若走法律追偿程序，商业银行只能通过法律诉讼，而这其中周期长、成本高、执行能力不足，这直接影响了抵/质押品的及时处置变现。

第四，部分抵/质押物因存在瑕疵或在授信过程中管理不当，导致处置难度加大，变现价值折损。

三、担保风险的防控措施

第一，严把第一还款来源。要以"第一还款来源"作为是否授信和确定授信额度的关键依据，切忌依赖所谓的强担保措施而放松对第一还款来源的审核。

第二，择优选择保证人。保证人不在多而在于精，要审慎接受互保连保、关联担保等担保形式，审慎接受对外担保金额超过其净资产50%的担保人。

第三，择优选择价值稳定、市场流动性好的抵/质押物。对于房地产抵押物，要充分审视抵押物所在的城市地域、经济环境、商业氛围及物业类型，通过对抵/质押物主动的差异化筛选，有效提升押品质量。

第四，审慎评估抵押物价值。要实地调查抵押物状况，包括抵押物所处位置、物业类型、物业状态等基本情况，充分了解地区房地产市场交易情况和政策变化情况，审慎分析抵押物变现能力，采取多种方法交叉核验抵押物评估价值，结合第一还款来源，综合评估抵押物的缓释能力。

四、典型案例

案例 3-11　同一授信的多个关联担保人，无一代偿

借款人 A 为一贸易企业，主营建筑材料的批发零售。2015 年 6 月，借款人在某商业银行授信 15 000 万元。授信由某餐具制造企业 B（2014 年末，总资产 82 036.79 万元，负债 10 754.96 万元，所有者权益 71 281.83 万元）、某包装印刷企业 C（2014 年末，总资产 13 925.30 万元，负债 2 943.08 万元，所有者权益 10 982.21 万元）、某房地产开发企业 D（2014 年末，总资产 128 352.82 万元，负债 76 230.84 万元，所有者权益 52 121.99 万元）、某房地产开发企业 E（2013 年末，总资产 88 390 万元，负债 18 762 万元，所有者权益 71 181 万元）、某贸易企业 F（资产总额 65 641 万元、负债总额 17 791 万元、所有者权益 47 850 万元）共 5 家企业以及 3 位自然人，合计 8 个保证人提供连带责任保证担保。

保证人 B 和 C 为借款人的互保企业，借款人出险后，两家互保企业被诉讼追偿，受此影响各家商业银行纷纷对其抽贷、压贷，保证人经营难以为继，丧失代偿能力；保证人 D、E 和 F 为借款人的关联企业，3 个自然保证人为借款人的出资人，上述 6 个保证人因与借款人属于同一利益共同体，因此与借款人同时失去偿债能力。

案例评析：本笔授信虽然多达 8 个担保人，从财务实力上判断其担保能力均不足，且与借款人之间存在实质的风险相关性，一损俱损，最终导致授信全损。

案例 3-12　房地产抵押物外部评估价值差异较大，内部核验不足

2013 年 9 月，某商业银行给予借款人 A 授信净额 7 500 万元，抵押物为位于某东部省份县级市的商住用地使用权，土地使用权面积 23 609 平方米，约 35.4 亩，授信准入时评估价值 7 631 万元（2015 年 8 月续授信时评估价值同为 7 631 万元）；2016 年资产处置时评估价 3 913 万元；最终处置变现价为 1 565 万元。

授信准入时，外部评估机构对抵押物综合采用市场比较法和假设开发法进行评估，评估价值为 7 631 万元（约合 215.49 万元/亩）。商业银行内部授信审查审批人员经查询 2012～2013 年当地政府相似土地成交案例，获知拍卖价格区间为 200 万元/亩～250 万元/亩，因此判断抵押物评估价值基本符合客观市场地价。此笔不良贷款处置时，另外一家外部评估机构对抵押物仅采用了收益法进行评估，便确定估价为 3 913 万元，约合 110.47 万元/亩。此时，商业银行以此价值为参考，进行了快速变现处置，最终收回 1 954 万元。

案例评析：在此案例的资产处置环节，外部评估公司应基于市场比较法或其他评估方法对收益法下的评估价值进行交叉评估；商业银行内部相关资产保全人员也应对外部评估公司采用的评估方法适用性和评估价值合理性采取多种方法核验；只有通过内外部多种方式交叉验证，才能得到抵押物的客观价值。

第四章

信用风险计量及常用方法评析

第一节　背景介绍

长期以来，我国商业银行放贷业务的驱动力主要是银企关系而非信用风险量化分析的结果。随着信息技术不断整合到商业信用风险管理的新手段和新方法中，基于主观判断的传统定性分析的不足逐步显现，商业银行开始将传统的业务经验与精确的数理分析和现代信息技术相融合，开始从关系型信用风险管理过程转向运用数据驱动管理技术，以便两者能相得益彰更好地发挥作用。本书的剩余部分主要探讨现代信用风险计量技术以及风险计量在信用风险管理中的地位和作用。

信用风险计量是指运用各种主、客观方法去识别与信用风险评价对象的信用状况相关的信息，并对其信用品质做出定性或定量的合理分析与评估。信用风险的计量可分为单一信用风险计量和组合信用风险计量。对单一信用风险而言，预期损失由违约概率（PD）和违约损失率（LGD）决定，即 $PD \times LGD$，非预期损失是预期损失的标准差。对于组合信用风险而言，预期损失等于每个单一信用风险预期损失的加权平均数，非预期损失则在综合考虑单一信用风险之间的相关性。本书仅针对微观客户维度，因此仅就单一信用风险进行研究。

运用统计分析对信用风险进行识别和计量已成为现代信用风险管理的关键技术环节。纵观信用风险计量技术发展的历史进程，它经历了从抽象的定性分析到直观的定量分析的过程，并随着诸如资产组合管理理论、博弈论、数理统计方法、期权定价理论等现代金融管理工具的发展以及计算机技术的成熟，而取得了持续性的突破进展。

从银行的管理实践看,信用风险计量的核心是信用评级,而信用评级的核心是要建立违约概率和违约损失率这两个风险要素的计量模型。在这两类模型中,计算违约概率的模型较多,逐渐从依赖专家和经验的传统计量方法发展到信用评分模型以及现代的信用组合模型法阶段,形成了基于统计模型和财务数据所构建的模型集,以及根据期权理论同时利用资本市场数据和财务数据所构建的模型集。第一种模型集可以细分为定性分析、统计分析、神经网络与支持向量机等代表技术;第二种模型集主要涵盖以 Credit Metrics 等为代表的组合风险评估技术(见表 4-1)。

表 4-1　　　　　　信用风险评级方法的主要模型及分类

	分类	具体方法模型
信用评级方法模型	定性分析	5C 模型、LAPP 法、沃尔分析法、杜邦分析法
	统计分析	消费信贷评分模型,Z-计分模型,Zeta 分析模型,Bathory 模型,层次分析法,模糊综合评价法;单变量分析模型;多元判别分析法,因子分析法,Logistic 模型,Probit 模型,决策树模型
	神经网络与支持向量机	反向传播神经网络,径向基神经网络,概率神经网络,学习矢量量化网络,支持向量机(SVM)
	其他	Credit Metrics 模型,KMV 模型,Copula 模型,投影寻踪法

各类方法之间很难判定孰优孰劣:一方面,传统的方法目前仍然在许多金融机构中使用;另一方面,新的计量方法借鉴了传统方法中的很多思想和观念。现实中,商业银行更多的是基于定性分析方法和定量分析等多种方法有机结合的方式进行风险计量,本章余下第二至四节,将介绍常用的信用风险计量方法并对每种方法的优劣进行评析。

第二节 传统的信用风险计量方法

一、专家分析法

专家分析法是早期的信用风险评价方法,主要通过选取几项关键指标,然后依据经过长期训练、具有丰富经验的专家对关键指标的分析判断来评价借款企业信用风险状况。经典专家分析法以"5C 要素分析法"为代表。

(一) 5C 要素分析法

5C 要素主要包括资信品德(Character)、资格能力(Capacity)、资本实力(Capital)、担保能力(Collateral)、经营环境(Conditions)。5C 要素分析是指商业银行依据专家对上述 5 项要素的分析判断,以此来评价借款企业的信用水平,这其中不同的要素代表不同的信用风险点:

资信品德(Character)主要考察借款人的诚信水平,以此判断其偿债意愿;

资格能力(Capacity)主要考察借款人的经营管理能力,以此判断其偿债能力;

资本实力(Capital)主要考察借款人的财务实力和财务状况,以此判断其资产的变现能力;

担保能力(Collateral)主要考察担保品的担保能力,以此判断贷款的第二还款来源情况；

经营环境（Conditions）主要考察外部宏观经济环境以及政策环境对借款人经营状况的影响，也包括保证人经营影响和担保品价值影响。

除5C要素分析法外，类似的专家分析法还有：

5W要素分析法，包括借款人（Who）、借款用途（Why）、还款期限（When）、担保物（what）以及如何还款（How）；

5P要素分析法，包括个人因素（Personal）、借款目的（Purpose）、偿还因素（Payment）、保障因素（Protection）和前景（Perspective）；

LAP要素分析法，包括流动性（Liquidity）、活动性（Activity）、盈利（Profitability）和潜力（Potentialities）；

CAMEL要素分析法，包括资本（Capital）、资产质量（Asset）、管理水平（Management）、盈利水平（Earnings）和流动性（Liquidity）。

（二）专家分析法的优劣势分析

1. 专家分析法的主要优势

一是简便。专家分析法设计简便易懂，一目了然，专家仅需将其丰富的风险管理经验客观表达即可，有效避免了复杂的模型误差。

二是有效。专家分析法"大道至简"，设计原理上均选取信用风险的关键影响要素，保证了其评估结果的有效性，这是目前仍然有很多商业银行依据专家分析方法进行信贷决策的重要原因。

2. 专家分析法的主要缺陷

一是主观性强。选择哪些指标要素、分别赋予每个指标多少权重、每个指标给予多少得分等，均需要专家给出主观判断且不同专家给出不同的结果，这造成同一借款人在不同借款银行或者同一借款银行在不同专家之间具有不同评级结果。

二是准确性不足。不同的专家有不同的评价标准，没有统一的参考依据，这造成了评估结果的随意性和不一致性。另外，部分专家素质经验水平的不足也直接影响了评估结果的准确性。

二、信用评分法

信用评分法是指从代表借款企业内部经营状况、外部经营环境等各种信息变量中筛选出对企业信用状况影响较大的一些变量作为解释变量，并赋予每个解释变量一定的权重，然后通过函数映射关系得到企业信用综合分值或违约概率，以计量企业信用状况的方法。信用评分法因模型简便、计算量小、预测效果好等优势，在国际和国内金融界作为主流方法被广泛应用。信用评分法典型代表有多元判别分析模型。

多元判别分析法就是基于某种判别标准，从大量的特征指标中筛选出一组最优指标，组成错判率最低的判别模型。常用的有距离判别法、Fisher 准则、Bayes 后验判别法以及 Z-值（Z-Score）评分模型。下面以 Z-值评分模型为例，介绍多元判别模型原理。

Z-值评分模型由 Edward Altman 于 1968 年提出，其判别函数的表达式一般为：

$$Z = \alpha + \sum_{j=1}^{k} \beta_j X_j$$

其中，Z 是响应变量，代表借款人信用状况的得分；X_j 是解释变量，在 Z-值评分模型中均为财务比率变量；β_j 为变量系数；α 是常数项。Altman 经过反复筛选，从 22 个财务变量中确定了 5 个主要财务比率及其系数，最终判别函数为：

$$Z = 1.2X_1 + 1.4X_2 + 3.3X_3 + 0.6Z_4 + 1.0X_5$$

式中 5 个解释变量分别为：

X_1 为营运资本/总资产，X_1 越大说明企业资产的流动性越强，财务状况越理想；

X_2 为留存收益/总资产，X_2 越大说明企业在一定时期内的筹资和再投资功能越强，从而竞争力越强；

X_3 为利息和税收前收益/总资产，它考察的是在不考虑税收和利率因素时企业的盈利能力；

X_4 为权益价值/总负债账面价值，X_4 越大说明投资者对企业的发展前景越乐观，企业越有投资价值；

X_5 为销售额/总资产，它反映了企业经营获得销售收入的能力。

另外，通过大量的数据分析和验证，Altman 确定了基于历史数据的经验性临界数据值，$Z=1.81$ 和 $Z=2.99$：

当 $Z>2.99$ 时，说明企业的经营状况较好，贷款信用质量较高；

当 $Z<1.81$ 时，说明企业可能已经濒临破产；

当 $1.81<Z\leq 2.99$ 时，企业存在一定的财务危机和违约的可能性但不能妄下评论。

1977 年 Edward Altman 对 Z-值评分模型进行了修订，形成了第二代的 Z-值评分模型，称为"ZETA 模型"，将模型的解释变量增加至 7 个，表达式为：

$$ZETA = aX_1 + bX_2 + cX_3 + dX_4 + eX_5 + fX_6 + gX_7$$

式中，a、b、c、d、e、f、g 为变量系数。7 个解释变量的含义分别为：

X_1 为利息和税收前收益/总资产，即资产收益率；

X_2 为企业资产收益率在 5 年或 10 年中变化的标准差，是刻画收益稳定性的指标；

X_3 为利息和税收前收益/总利息支付，X_3 越大企业的债务偿付能力越好；

X_4 为留存收益/总资产，反映企业实力的强弱；

X_5 为流动资产/流动负债比率，反映企业的变现能力以及对短期债务的偿付能力；

X_6 为借款企业普通股 5 年的平均市值/长期资本总额，反映企业的资本化程度；

X_7 为企业总资产的对数。

实践证明，ZETA 模型在模型分辨能力、稳定性、预测性等方面比 Z－值模型有了长足的进步。

Z－值评分模型和 ZETA 模型的优点是模型简便，预测准确性较高，但是在实际应用中也颇受质疑，主要存在以下几方面缺陷：

1. 模型仅仅包含财务因素，而未考虑一些重要的非财务因素，直接影响了模型的预测精度。尤其是对于我国部分中小企业，财务数据真实性存疑，因此模型预测能力大打折扣。

2. 两个模型均属于静态模型，未能充分反映经济周期等影响因素，随着时间变化，模型的预测精度逐步降低。

3. 模型假设响应变量 Z 服从等协方差的正态分布，且假设与解释变量之间存在线性相关关系，假设条件较为苛刻，存在计量技术上的缺陷。

多元判别分析法的前提假设是数据要满足等协方差的正态分布，事实上实际应用数据难以满足上述要求。另外，类似 Z－值模型等线性模型的输出结果为分数，决策者无法直接观测到企业的违约概率，这也一定程度上影响了其推广使用。为了解决上述问题，统计学家在线性统计模型的基础上，提出了两个广义线性模型：Logit 模型和 Probit 模型。

Logit 模型假设违约概率服从 Logistic 分布，一般形式为：

$$P = \frac{1}{1 + e^{-Y_i}}$$

其中，P 表示违约概率，$Y_i = \alpha_i + \beta X_i + \varepsilon_i$。

或者 Logit 模型可表示为：

$$\ln \frac{P}{1-P} = \alpha_i + \beta X_i + \varepsilon_i$$

这里 $P \in [0,1]$。

Probit 模型则假定违约概率服从标准正态分布，模型一般形式为：

$$P = F(Y_i) = \frac{1}{\sqrt{2\pi}} \int_{-\infty}^{Y_i} e^{-\frac{s^2}{2}} ds$$

其中 $Y_i = \alpha_i + \beta X_i + \varepsilon_i$，这里违约概率也满足 $P \in [0,1]$。

第三节 现代信用风险计量模型

进入 20 世纪 90 年代，随着金融市场不断深化、金融创新产品不断涌现，信用风险管理的难度不断增大。传统的信用风险计量手段已难以适应日益复杂的金融形势，金融机构亟须有效的计量工具来帮助其识别和防控风险。在此背景下，现代信用风险计量工具应运而生。1997 年，J. P. Morgan 公司和美国银行、瑞士银行等机构合作推出 Credit Metrics 模型；同年，KMV 公司推出基于期权理论的 KMV 模型，随后瑞士信贷银行金融产品部推出 CreditRisk+ 精算模型以及麦肯锡公司推出宏观经济因素 Credit Portfolio View 模型。

一、Credit Metrics 模型

Credit Metrics 模型以 VaR 理论和资产组合理论为依据，以信用评级为基础，来估算给定日期内单笔贷款、债券或其组合价值变化的预期概率分布。该模型基于以下关键假设：

一是特定时间内（通常 1 年），信用资产组合的价值分布与未来债务人信用等级的变化相关。

二是债务人信用等级的变动过程服从稳定的马尔科夫过程，即借款人本期信用等级变动与往期的变动情况无关。

Credit Metrics 模型从历史数据中估算出信用等级矩阵和违约时的资产回收率，并以此确定未来该信用资产组合的价值变化，通过基于 VaR 的方法来计算整个组合的信用风险，回答了在给定置信度下"如果明天是个坏日子，那么在贷款和贷款组合上的损失是多少？"的问题。

Credit Metrics 模型的优点在于：

一是第一个计量信用风险的银行内部信用组合模型，其首次用在险价值 VaR 方法来计量信用风险，并引入了边际风险贡献概念，将单一信用工具放入资产组合中衡量其对整个组合风险状况的影响，为投资者进行组合管理和决策提供了科学的量化依据。

二是该模型是盯市模型，这使得它的计算结果更加准确。

三是它采用解析法和蒙特卡洛模拟法来计量信用风险，这在一定程度上避免了一些诸如公司资产价值服从正态分布的硬性假设。

Credit Metrics 模型的缺陷在于：

一是假设同一信用评级内所有的债务人都具有相同的违约概率和相

同的价差曲线,且实际违约概率与历史违约概率等同,这与现实不符。

二是假定信用风险和市场风险相互独立,这与现实不符。

三是估计违约相关性时,用股票相关性代替资产相关性,这可能影响估值精确性。

四是参数众多、计算繁杂,影响其推广。所以,在实际应用中,该模型的具有局限性。

二、KMV 模型

随着结构性金融工具的不断创新,传统评级机构基于平均历史违约率进行信用评级的劣势被不断放大。有研究者通过对历史上违约的债券分析发现,同一信用等级的两只债券,其实质性的违约风险可相差二倍。KMV 公司以 Merton 模型和期权定价模型为理论基础,巧妙地将企业违约概率作为企业资产市场价值、企业资产市场价值波动性和企业负债水平的一个函数,建立了 KMV 的违约预测模型,有效解决了传统静态评级的痛点。

(一) KMV 模型的基本原理

KMV 模型将企业负债看作是依托于企业资产的看涨期权。随着企业负债的不断增加或企业资产价值的不断减少,其违约风险将不断增加。当银行贷款到期时,如果企业资产市值不足以偿还其所承担的债务,企业便会出现违约,贷款价值(即期权价值)便是股权价值;如果企业资产市值高于所承担的债务,那么企业将归还贷款,即执行期权。当然,由于不同的负债结构对企业经营的影响不同,因此不能简单将负债总额与资产市值的等同点作为违约临界点。KMV 公司经过大量的违约实证分析，发现违约最频繁的临界点在企业资产市值等于其短期债务加上一半长期债务的位置，此时的企业资产市值被定义为违约点（DPT），企业资产市值低于 DPT 的概率便是违约概率估计（EDF）。企业资产市值与 DPT 之间的距离被定义为违约距离（DD），相同的违约距离表示具有相同的违约风险。

（二）KMV 模型的计算步骤

1. 利用期权定价模型，基于企业负债账面价值、股票市值和波动性，估计企业资产的市场价值及其波动率。
2. 计算违约距离。
3. 使用违约数据库，确定从违约距离到预期违约频率的映射关系。

（三）KMV 模型的主要优势

1. KMV 模型利用期权理论巧妙地将企业违约与企业资产价值变动过程、企业资本结构及各种债务契约联系起来，以默顿模型和期权定价模型作理论依托，具有很强的理论基础。
2. KMV 模型是一种具有前瞻性的计算方法，一定程度上克服了那些仅仅依赖历史数据的"向后看"统计模型的缺陷。
3. KMV 模型计算所得预期违约概率来自于对股票市场价格的实时行情分析，不但反映了该企业历史的和当前的经营状况，也反映了投资者对该企业信用状况和发展趋势的判断，一定程度上克服了银企之间信息不对称的痛点。

（四）KMV 模型的缺点

1. KMV 模型的假设之一是企业的资产价值变化服从正态分布，但这往往不符合现实。

2. KMV 模型主要适用于上市公司的信用风险计量,适用范围具有一定的局限性。

三、Credit Risk + 模型

Credit Risk + 模型是由瑞士银行金融产品开发部（CSFP）于 1996 年开发的信用风险管理模型。该模型作为一种违约模式计量模型,只考虑债务人是否违约,不需要转移矩阵（即不考虑评级降级风险）,应用保险精算方法构建违约概率和宏观因素的函数关系。同时,该模型利用违约率的波动性来捕捉违约相关性影响,进而采用精算学原理推到资产组合的损失分布情况。

为减少模型结果的不确定性,Credit Risk + 模型采取了以下措施：

一是虽考虑违约风险但对引发违约的原因不作任何假设,视违约事件为纯粹的外生事件,并假设贷款的违约概率服从泊松分布。

二是使模型保持最少的数据需求,以减少参数误差。

Credit Risk + 模型的优势主要在于：

一是借助保险行业中计算小概率极端事件的精算方法,直接推算资产组合的损失概率。

二是参数少,对数据要求相对较少,计算简单。

Credit Risk + 模型的缺陷主要体现在：

一是假定市场风险和信用风险是确定的,忽略了信用迁移风险因素。

二是债务人没有被赋予相应的信用评级,并假定每笔贷款的信用风险暴露在计算期间内固定不变。

三是对于期权、外汇互换等非线性产品的处理结果难以令人满意。

四、Credit Portfolio View 模型

Credit Portfolio View（CPV）是由汤姆·威尔逊（Tom Wilson 1997）提出，由麦肯锡公司在 1998 年推出的一个有条件信用等级迁徙概率模型。该模型的基本观点是违约概率和信用等级转移概率均与宏观经济因素相关联。宏观经济因素采用诸如失业率、经济增长率、利率、汇率、政府支出等经济指标来描述。不同的行业和部门，如金融业、建筑业、服务业、农业等对商业周期的反应会有所不同，同时不同级别的投资人也对商业周期的反应不一样，如投资级债务人的违约概率更为稳定，投机级债务人的违约概率变动较大。模型的基本思路是，首先运用经济计量模型模拟宏观经济状态，再通过一个可以保证取值落在 0~1 之间的指数变换将该经济状态转换成特定国家或行业的违约概率和转移概率，最后根据类似于 Credit Metrics 模型的方法估计整个资产组合的损失分布及风险价值。该模型主要适用于计量对宏观经济因素变化敏感的投机级债务的信用风险问题，Credit Metrics 模型的有益补充。

该模型的主要优势在于：

一是该模型是唯一用经济状态来模拟违约事件的信用风险模型。

二是该模型给出了具体的损失分布，对所有的风险暴露采取按市定价法，既可以适用于单个债务人，也可以适用于群体债务人。

三是该模型具有盯市性，因而与 Credit Metrics 模型集合可以提高风险计量的准确性。

该模型的主要缺陷在于：

一是模型使用可能会因难以获得行业数据，特别是难以获得违约数

据而受限制。

二是模型仅仅指出了函数形式,但并未就如何选择宏观变量或估计行业及国家模块的权重给予指导。

三是不能处理期权等非线性产品。

五、模型适用性问题

以上四种现代信用风险计量技术,已经在西方发达国家商业银行信用风险管理中得到了普遍应用。至于在我国国内商业银行适用性问题,曹德胜、何明升(2006)和章政、田侃等(2006)研究认为,上述信用风险计量模型对我国商业银行信用风险管理有积极的借鉴意义,但在直接应用上还存在一定局限性。Credit Metrics 模型在计量信用风险的过程中对历史长期违约数据的依赖性很高,由于国内商业银行普遍尚未建立起完善的信用资产的历史数据库,也没有类似于标普、穆迪、惠誉等这样的权威评级机构提供相关公开数据,再加上利率市场进程正在推进中,缺少准确的基准利率,这给 Credit Metrics 对信用资产的现值估计造成了困难。由于我国市场经济发展时间较短,证券市场存在不成熟、不完善之处,这使得 KMV 模型在我国股票市场上应用也存在一定的缺陷:一是股权分置导致对非流动股定价困难;二是我国上市公司违约事件相对较低,违约历史数据严重不足,致使难以把违约距离转化为实际违约率。由于我国商业银行的客户结构中,隶属于同一集团的关联企业以及隶属于同一地区的互保客户占有很大比例,这些客户之间具有很强的风险传染性,因此难以满足 Credit Risk + 模型的前提假设,尤其是难以满足模型要求的每笔贷款为独立服从泊松分布且发生违约的可能性很小的前提假设,因此从理论上讲,Credit Risk + 模型目前在我国不具备适用性。Credit Portfolio View 模型应用于我国商业银行除存在与 Credit Metrics 模型类似的困难外,同时由于宏观经济因素对信用等级转移的影响难以确定和检验的因素影响,致使该模型在我国也不具备适用性。

第五章
商业银行内部评级体系的建设及实施

2004年6月,巴塞尔银行监督管理委员会在针对1988年巴塞尔资本协议(也称为1988年旧协议)长达5年的修订基础上公布了《巴塞尔新资本协议》(也称"新资本协议"或"Basel Ⅱ")正式文本。从整体结构上看,新资本协议在旧协议的基础上清晰确定了三大支柱内容:一是最低资本要求;二是监督部门对资本充足率的监督检查;三是市场约束。在最低资本要求方面,在旧协议涵盖的信用风险和市场风险的基础上,增加了对操作风险的资本要求。另外,新资本协议为三大风险的计量规定了由简到繁的几种方法,对银行风险计量的精确性、敏感性和标准化提出了严格要求,以提高资本监管的风险敏感度,这其中又以信用风险的内部评级法(IRB)为核心。

2007年爆发的金融危机给全球银行体系带来了巨大的冲击,金融危机暴露出新资本协议的诸多不足,例如:在危机爆发时全球银行的整体资本质量不佳,监管体系未对杠杆率进行一致的监管、未对亲周期效应足够重视、对系统性风险考虑不足等。金融危机后,巴塞尔委员会开始对金融体制进行深度改革,并于2010年11月发布了Basel III新资本协议。Basel III虽然从提高资本标准、扩大风险覆盖范围、引入杠杆比率、提出资本留存和反周期超额资本要求、降低系统风险、提出流动性标准六大方面对Basel Ⅱ进行了修订,但是针对信用风险管理及计量仍然沿用了Basel Ⅱ的框架要求。本章首先将主要参照了《巴塞尔新资本协议》及《商业银行资本管理办法》介绍内部评级法的基本框架和主要内容,然后基于我国商业银行实践介绍内部评级模型开发的理论与实践。

第一节　内部评级的基本框架和主要内容

一、基本框架

新资本协议内部评级的核心框架和内容是风险暴露划分和内部信用评级建设，这其中信用评级包括客户评级和债项评级两个维度。新资本协议对每类风险暴露均有严格定义，根据监管定义，商业银行需将银行账户授信资产划分为不同的风险暴露，并对不同的风险暴露收集相关数据样本，选用不同的方法创建内部信用评级模型来计量相应风险参数，然后利用风险参数并根据不同的风险权重函数及相应一套最低技术要求，计算不同风险暴露的风险加权资产。内部评级法的基本框架如图5-1。

二、风险暴露划分

按照新资本协议要求，商业银行应根据不同风险暴露类别的划分标准，将资产划入六大类风险暴露，包括主权风险暴露、金融机构风险暴露、公司风险暴露、零售风险暴露、股权风险暴露、其他风险暴露，并进一步划分到细分的二级子类，例如金融机构风险暴露又分为银行类金融机构风险暴露和非银行类金融机构风险暴露两个二级子类。对于每个大类及细分的子类风险暴露，监管均给出了原则性的划分标准，在此不

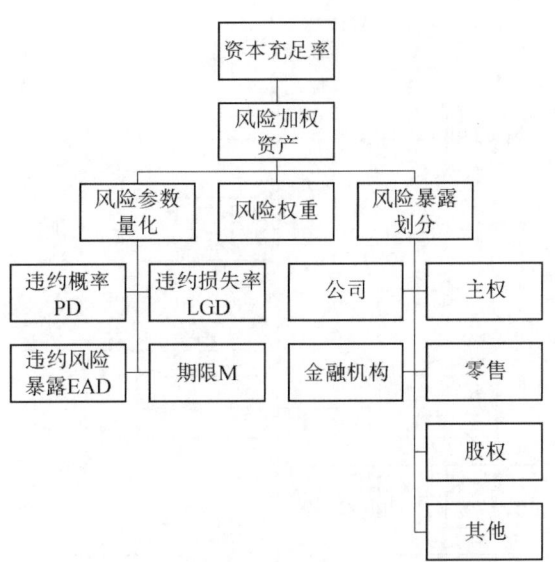

图 5-1 内部评级基本框架图

做赘述。风险暴露细分情况详见图 5-2。

三、风险参数量化

内部评级体系包括对主权、金融机构和公司风险暴露（以下简称"非零售风险暴露"）的内部评级体系和零售风险暴露的风险分池体系。对于非零售风险暴露，初级内部评级法下仅估计违约概率；高级内部评级法下需估计违约概率（PD）、违约损失率（LGD）、违约风险暴露（EAD）和期限（M）。对于零售风险暴露，须估计违约概率、违约损失率和违约风险暴露。

新资本协议要求，参数量化应以历史经验和实证研究为基础，遵循审慎原则；应对风险参数量化过程中涉及的专家判断和调整进行实证分

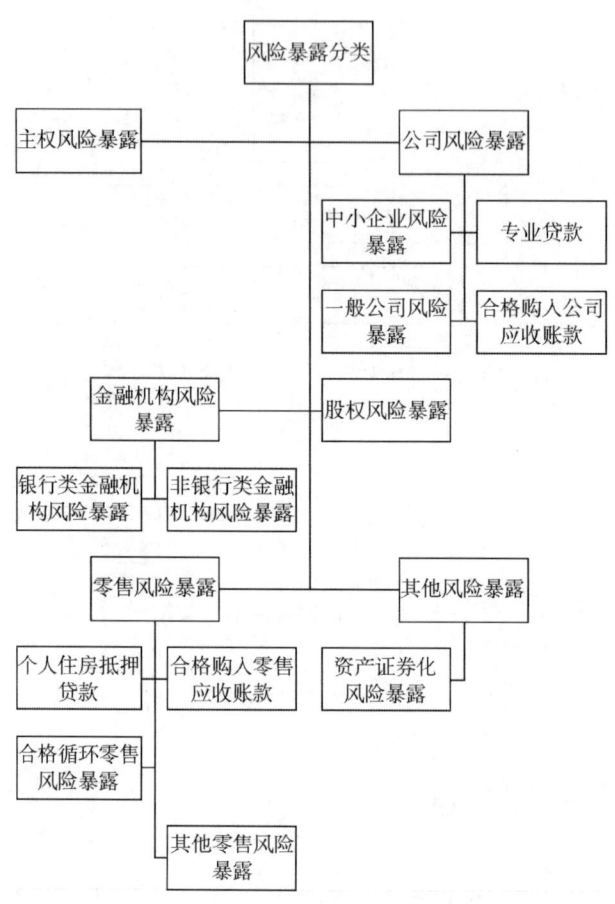

图 5-2 信用风险风险暴露分类图

析,确保不低估风险;应至少每年审查一次内部风险参数的估计值,并根据业务需要及时更新量化方法和流程。

风险参数量化的数据选取应遵循以下要求:

一是用于风险参数量化的数据应为从历史数据中选取的具有代表性,能反映信用风险暴露特征、商业信用信贷政策以及当前和未来的经济状况的数据,数据来源可以包括内部数据、外部数据和内外部集合数据,相关数据定义具有一致性。

二是风险参数量化的数据观察期应涵盖一个完整的经济周期,用于估计非零售风险暴露债务人违约概率的数据观察期不得低于5年;用于估计非零售风险暴露违约损失率、违约风险暴露的数据观察期不得低于7年;用于估计零售风险暴露风险参数的数据观察期不得低于5年。

参数估算应遵循以下要求:

一是参数估算应基于样本数据的风险特性及表现,运用统计工具对具有不同风险特性的样本数据集进行分析,分别得到风险参数估值。对不同数据基础、不同计量模型的估计结果应进行整合,并检查整合的敏感性。

二是违约损失率和违约风险暴露应是长期的、违约加权的平均值。如果样本数据区间未包括经济衰退时期,应调整参数估计,弥补数据缺失的影响。

1. 违约概率(PD)。

违约概率(PD)是指客户在未来一段时间内发生违约的可能性,是对违约的一种预测。对违约概率的测算是内部评级法的核心。新资本协议对违约进行了标准定义,即债务人出现以下任何一种情况应被视为违约:债务人对银行集团的实质性信贷债务逾期90天以上;商业银行认定,除非采取变现抵/质押品等追索措施,债务人可能无法全额偿还对银行集团的债务。对违约的定义是商业银行实施内部评级法的先决条件,因为违约认定标准决定了商业银行在数据建模时违约客户和非违约客户的数据分布,进而直接决定了客户评级模型的开发结果和实际运用的准确性。实际操作中,新资本协议允许商业银行根据自身实际自行制定本银行内部统一的违约定义,并明确违约认定流程,但对违约的定义应该审慎、客观。

新资本协议要求参数估算代表了长期经验。违约概率的估计值应是某一级别债务人或某一零售资产池一年期实际违约率的长期平均数。商业银行一般采用1年期实际违约率的长期平均数（即长期平均违约趋势，简称CT）来估计某一级别非零售风险暴露债务人的违约概率。CT是指一个信贷组合的长期平均违约概率，即经历了至少一个完整周期后各时点实际违约率的加权平均值，体现了信贷组合的长期违约水平。CT的估计基于内部违约经验和统计违约模型，以1年为计算违约概率的时间跨度、运用至少5年的历史数据的进行估值，并运用专家判断对估值结果进行相应的调整。

2. 违约损失率（LGD）

违约损失率指某一债项违约导致的损失金额占该违约债项风险暴露的比例，即损失占风险暴露总额的百分比。信用风险暴露的损失应为经济损失，包括由于债务人违约造成的较大的直接和间接损失或成本，同时还应考虑违约债项回收金额的时间价值和商业银行自身处置和清收能力对贷款回收的影响。可见，损失的定义包含三大要素：

（1）债务人违约造成的债项的直接损失或成本，包括：
- 债项的本金和利息损失。
- 可以明确计量到具体债项的清收成本。
- 可以明确计量到具体债项的法律诉讼费用。

（2）因管理或清收违约债项产生的债项的间接损失或成本，包括：
- 无法明确计量到具体债项的清收成本。
- 无法明确计量到具体债项的法律费用。
- 其他与违约债项有关的一般性管理费用。

（3）在计算经济损失时应考虑违约债项回收金额的时间价值，折现率应反映清收期间持有违约债项的成本。

损失定义决定了商业银行违约债项历史清偿数据质量，进而决定了商业银行内部评级法下开发债项评级模型的准确性。因而，类似违约定义，损失定义也是内部评级建设的基础定义之一。

初级法下的违约损失率，由新资本协议规定的标准做法进行测算：

（1）对于没有合格抵/质押品的高级债权和次级债权的违约损失率分别为 45% 和 75%。

（2）对于有合格抵/质押品抵押的债项，具体包括由合格的金融质押品、应收账款、商用房地产和居住用房地产以及其他抵/质押品抵押的债项，其违约损失率计算方式为：

①若 $\frac{C}{E} < C^*$，视同无抵/质押担保，则 LGD = 45%。

②若 $C^* \leqslant \frac{C}{E} < C^{**}$，则将风险暴露非为全额抵/质押部分和无抵/质押部分，其中全额抵/质押部分的 $LGD = \frac{C}{C^{**}}$，而无抵/质押部分 $LGD = E - \frac{C}{C^{**}}$。

③若 $\frac{C}{E} \geqslant C^{**}$，则 LGD 取值为下表中"最低 LGD"列中相应数据。

上述公式中，C 为抵/质押品经期限错配、币种错配、金融质押折扣系数后价值；E 为风险暴露的当前值（EAD）；C^* 和 C^{**} 为表 5-1 中相应列中数据。

（3）由多种形式抵/质押品对同一风险暴露共同担保时，需将风险暴露拆分为由不同抵/质押品覆盖的多个风险暴露模块，然后对每一模块的风险暴露按照上述（2）中方法分别计算 LGD，拆分顺序：金融质押品→应收账款→商用房地产和居住用房地产→其他抵/质押品。

表 5-1　初级内部评级法优先债项已抵/质押部分的违约损失率　（单位:%）

	最低 LGD	最低抵/质押水平（C*）	超额抵/质押水平（C**）
金融质押品	0	0	不适用
应收账款	35	0	125
商用房地产和居住用房地产	35	30	140
其他抵/质押品	40	30	140

高级内部评级法下的违约损失率，由商业银行按照新资本协议规定的技术要求进行自行估计。违约损失率和违约概率一样，也是对长期平均水平的保守估计。

3. 违约风险暴露（EAD）

违约风险暴露是指债务人违约时预期表内和表外项目的风险暴露总额，包括已使用的授信余额、应收未收利息、未使用授信额度的预期提取数量以及可能发生的相关费用等。对于表内业务，其违约风险暴露为资产负债表上的名义未清偿额；对于表外业务，违约风险暴露等于承诺但未提取金额乘以信用风险转换系数。违约风险暴露应按照扣除专项准备和特别准备金后的净值计算。

初级内部评级法下，违约风险暴露和违约损失率的计算要求类似，按照新资本协议规定标准做法进行测算，即：

违约风险暴露 = 当前已提取金额 + CCF × (表外业务名义本金 - 当前已提取金额)

其中，CCF 为监管给定的标准化的信用转换系数。

高级内部评级法下，违约风险暴露由商业银行按照新资本协议规定的技术要求进行自行计算，但违约风险暴露估计值应是违约加权的长期平均数，保守确定估计值的误差。

4. 期限（M）

零售无须考虑期限调整因子。非零售内部评级按以下规则估计有效期限：

（1）采用初级内部评级法，非零售风险暴露的有效期限为 2.5 年。回购类交易的有效期限为 0.5 年。

（2）采用高级内部评级法，有效期限为 1 年和内部估计的有效期限两者之间的较大值，但最大不超过 5 年。中小企业风险暴露的有效期限可以采用 2.5 年；不能计算债项的有效期限时，应保守估计期限；对净额结算主协议下的衍生品进行期限调整时，应使用按照每笔交易的名义金额加权的平均期限。

四、风险权重

内部评级法下，应当按照以下规则计量主权、金融机构、公司和零售风险暴露的风险权重。

（一）未违约风险暴露的风险加权资产的计量

1. 计算信用风险暴露的相关性（R）。

（1）主权、一般公司风险暴露：

$$R = 0.12 \times \frac{1 - \frac{1}{e^{(50 \times PD)}}}{1 - \frac{1}{e^{50}}} + 0.24 \times \left[1 - \frac{1 - \frac{1}{e^{(50 \times PD)}}}{1 - \frac{1}{e^{50}}} \right]$$

（2）金融机构风险暴露：

$$R_{FI} = 1.25 \times \left\{ 0.12 \times \frac{1 - \frac{1}{e^{(50 \times PD)}}}{1 - \frac{1}{e^{50}}} + 0.24 \times \left[1 - \frac{1 - \frac{1}{e^{(50 \times PD)}}}{1 - \frac{1}{e^{50}}} \right] \right\}$$

（3）中小企业风险暴露：

$$R_{SME} = 0.12 \times \left[\frac{1 - \frac{1}{e^{(50 \times PD)}}}{1 - \frac{1}{e^{50}}} \right] + 0.24 \times \left[1 - \frac{1 - \frac{1}{e^{(50 \times PD)}}}{1 - \frac{1}{e^{50}}} \right] - 0.04 \times$$

$$\left(1 - \frac{S - 3}{27} \right)$$

S 为中小企业在报告期的年营业收入（单位为千万元人民币），低于三千万元人民币的按照三千万元人民币来处理。

（4）零售风险暴露：

个人住房抵押贷款，$R_{r1} = 0.15$

合格循环零售贷款，$R_{r2} = 0.04$

其他零售贷款，$R_{r3} = 0.03 \times \frac{1 - \frac{1}{e^{(35 \times PD)}}}{1 - \frac{1}{e^{35}}} + 0.16 \times \left[1 - \frac{1 - \frac{1}{e^{(35 \times PD)}}}{1 - \frac{1}{e^{35}}} \right]$

2. 计算期限调整因子（b）。

$b = [0.11852 - 0.05478 \times \ln(PD)]^2$

3. 计算信用风险暴露的资本要求，即风险权重（K）。

（1）非零售风险暴露：

$$K = \left[LGD \times N \left(\sqrt{\frac{1}{1-R}} \times G(PD) + \sqrt{\frac{R}{1-R}} \times G(0.999) \right) - PD \times LGD \right] \times$$

$$\left\{ \frac{1}{1 - 1.5 \times b} \times [1 + (M - 2.5) \times b] \right\}$$

(2) 零售风险暴露：

$$K = LGD \times N\left[\sqrt{\frac{1}{1-R}} \times G(PD) + \sqrt{\frac{R}{1-R}} \times G(0.999)\right] - PD \times LGD$$

4. 计算信用风险暴露的风险加权资产（RWA）。

RWA = K × 12.5 × EAD

（二）已违约风险暴露的风险加权资产的计量

K = Max [0，(LGD − BEEL)]

RWA = K × 12.5 × EAD

此处，BEEL 是指考虑经济环境、法律地位等条件下对已违约风险暴露的预期损失率的最大估计值。

第二节 非零售风险暴露内部评级模型开发理论与实践

内部评级体系建设实施的主要目的是商业银行可以更精确地计量信用风险监管资本，通过量化分析，得到授信业务的资本占用和风险调整后的收益率等情况，以便有效提高风险管理的精细化水平。在此过程中，评级作为一个综合性风险指标应该反映借款人违约风险以及违约后债项损失风险，因此新资本协议要求商业银行建立二维内部评级体系：一维是客户评级，反映客户信用状况，以违约概率为核心变量；另一维是债项评级，反映预期损失程度，以违约损失率为核心变量。内部评级体系的主要架构和基本技术标准在上节中已经进行了描述，在本节单就内部评级模型开发理论以及在我国商业银行的实践情况进行讨论。

一、建模数据的选择

建立客户评级模型来预测客户违约率需要足够的客户样本，特别是需要违约客户样本，理想情况下违约客户样本需大于 50 个。考虑到商业银行内部正常样本远多于违约样本，根据业界实践，一般采用按照 3∶1 的正常与违约配比构建建模样本，并且预留出了部分样本进行建模结果的验证。对于大多数国内银行尤其是中小商业银行而言，由于受到规模的限制，对于部分类型的客户难以获取足够的内部数据用于建模，尤其是缺少建模所需的违约样本，那么解决这个问题的一种方法就是采用外部数据来建立模型。由于外部数据和内部数据的口径有所差别，因此在建模之前需要根据内部数据情况对外部数据进行清理，以确保外部数据与内部数据之间的可比性、相关性和一致性。

二、模型开发方法的选择

模型是用以分析问题的概念、数学关系、逻辑关系和算法序列的表示体系。在非零售内部评级体系中，PD、LGD、EAD 等风险参数是需要求解的目标，需要利用可获取的信息对他们进行估计。内评评级体系计量模型主要由三种类型构成：

一是定量模型，主要依据客户的财务报表信息或其他客观信息对客户或债项的状况进行评价。定量模型需要根据历史数据由统计方法建立，能够比较客观地反映实际情况。但由于需要有历史数据的积累来建立模型，使用的范围受到的一定的限制。

二是定性模型，主要依据客户经理的主观判断对专家认定的指标进行选择来对客户或债项的状况进行评价。定性模型的建立主要依赖于专家的经验，因此相对比较主观，但建立定性模型的限制较少，因此可以用于在历史数据缺乏的情况下来对客户或债项进行评价。

三是混合模型，由于定量模型数据方面的限制，通常为了评价的全面性，定量模型需要和定性模型结合使用。除此之外，新资本协议明确要求"由于信用风险计量模型仅使用部分信息，商业银行应通过必要的专家判断保证内部评级考虑了所有相关信息""专家判断应考虑模型未涉及的相关信息"，这也充分印证了混合模型的必要性。

在第四章中对国内外银行业广泛认同和普遍应用的模型进行了相关介绍。由于模型的预测效果很大程度上依赖于基础数据的充足性和真实性，我国商业银行在内部评级体系建设过程中普遍面临着诸如：数据积累期限不足、数据量不够、数据质量不高等问题，加之区域风险差别显著、道德风险偏高等特有现象，因此相关信用模型在我国商业银行内部推广使用还有一定的局限性。

目前，国内商业银行内部评级体系的建设，普遍还是采用了以下三类模型：

1. Logit 模型。回归模型由于模型简单、统计解释性强，因此得到广泛应用。由于作为因变量的违约概率取值范围限制在 0~1 区间，因此一般线性回归模型并不适用于违约概率估计。违约概率往往假设服从于正态分布函数（见图 5-3）。根据业界实践，目前最常用的模型为 Logit 模型，Logit 模型的定义及公式见第四章第三节。

2. Beta 模型。违约损失率的取值范围同违约率一样，限制在 0~1 区间。但是与违约率不同，违约损失率的分布往往不服从正态分布。违约损失率呈现出两端高，中间低的特点，典型的 LGD 分布情况如图

5-4所示。

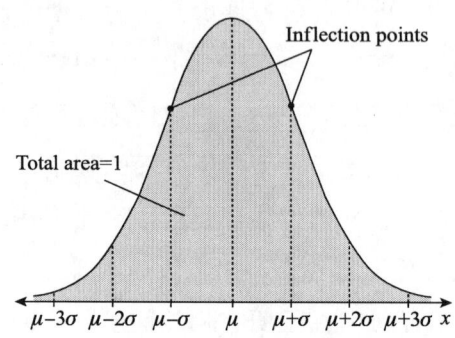

图 5-3 正态分布密度函数图

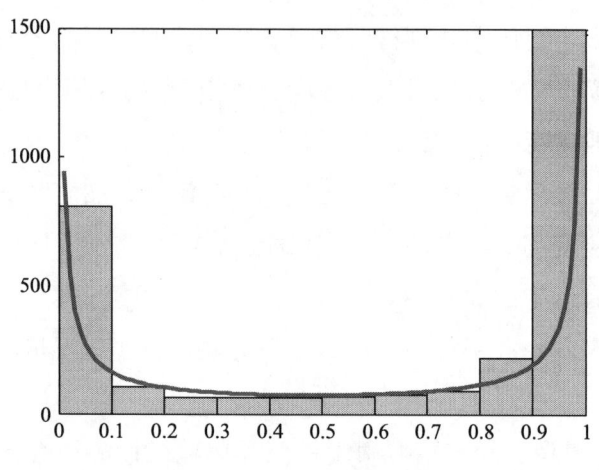

图 5-4 LGD 分布拟合图

为了适应这一分布特点，业界普遍选择 Beta 模型对违约损失率进行预测。模型形式为：

$$LGD = \text{Betainv}[\text{Normcdf}(Y_i), \alpha, \beta]$$

其中，Betainv 表示反 Beta 累积分布，Normcdf 表示正态累积分布，Y_i 为有预测变量获得的中间变量，α、β 为模型参数。图 5-4 中曲线为利用 Beta 模型对实际分布的拟合结果。可以看出 Beta 模型能够很好地反映违约损失率的特点。

3. 专家打分卡模型。除了依赖于定量数据对风险参数的估计，很多时候还需要依赖于一些定性信息。由于对定性信息的数据收集往往不足，因此商业银行通常较难利用定量方法通过定性信息进行建模。在实际使用中更多的用到的是打分卡模型。打分卡模型的构成表所示：

表 5-2　　　　　　　　　　打分卡模型表

指标大类	指标细类	指标分类	分类得分	指标权重
大类1	细类1	分类1	得分1.1	权重1
		分类2	得分1.2	
		分类3	得分1.3	
……	……	……	……	……

其中，指标情况和得分需要根据专家经验进行选择。使用者需要对每一个细类的分类情况进行判断并选择结果，最终打分卡得分为：

Sum（细类权重×分类得分）

打分卡模型的建立通常需要经历如下的步骤，以保证其能够有效评估风险：

表 5-3　　　　　　　　　建立打分卡模型的步骤

建模步骤	建模要点
模型结构选择 （指标大类）	打分卡的结构需要符合该敞口的特点； 需要考虑行业经验、经济含义等因素； 结构设计应具有互斥性； 考虑指标完备性
指标池设计 （指标细类）	指标分类准确； 考虑行业经验和经济含义

续表

建模步骤	建模要点
指标筛选	指标经济含义明确； 指标需有统计学显著性（视数据情况而定）； 数据可获取，分类客观明晰
权重确定	指标分档过程需科学合理； 确定权重需要依赖足够的专家经验； 权重确定过程必须科学严谨
开发测试	开发测试需具备全面性，代表性以及前瞻性； 需吸取专家及一线业务人员经验
模型校准	合理确定中心集中趋势； 校准过程必须科学谨慎

三、模型验证方法选择

模型建立之后还需要通过一定的手段来对模型的预测效果进行检验。常用的有以下两种方法：

1. 在有足够的正常和违约客户样本支持的情况下，可以使用累积准确曲线（CAP）及其主要指数准确性比率（AR）来检验模型对客户进行正确排序的能力。

CAP 曲线图 5-5 所示，描述了各个评分结果下，累积违约客户比率和累积正常客户的关系。曲线上的点，例如（0.2，0.7），表示评级风险较高的 20% 的评级对象中违约客户占全部违约客户的 70%。而 AR（准确率，Gini 系数）的定义为模型的 CAP 曲线和 45 度线间的区域面积，与介于 45 度线和完美模型的区域面积的比率：ar/ap。从统计意义上讲，通常 AR 值大于 0.35 表示模型可以接受，这个值越接近 1，表示模型的效果越好。

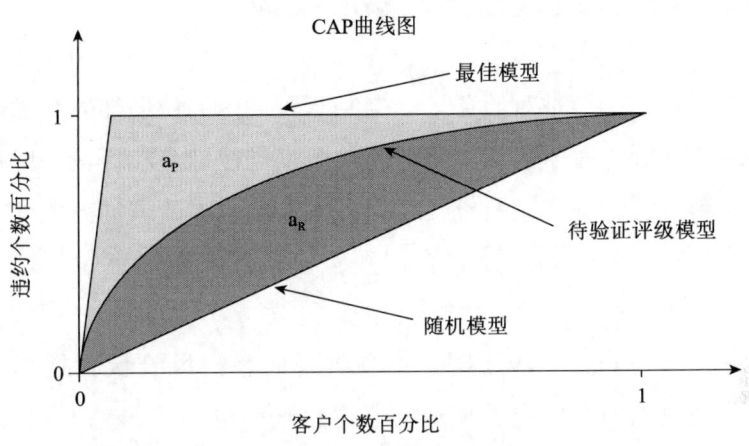

图 5-5　CAP 曲线示意图

2. 如果没有足够的好坏客户样本，则可以通过内部基准测试方法对模型结果进行检验，基准测试流程如图 5-6 所示：

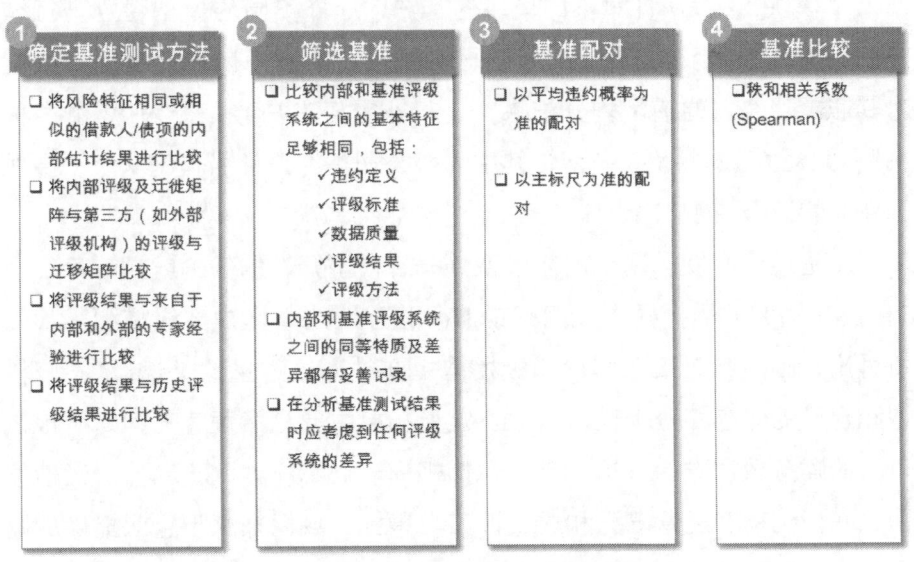

图 5-6　内部基准测试流程图

四、客户评级模型开发核心架构

客户评级是指通过对债务人一定经营时期内的偿债能力和意愿进行定量和定性分析,对债务人本身的违约概率进行计量和评价,以反映债务人的违约风险,并在此基础上对债务人实施分级管理的方法。参考国际国内领先银行的实践经验,客户评级模型开发主要有如下几个核心步骤:

一是模型划分。实践表明,不同类型的客户风险状况是不尽相同的,即便是在相同的环境下其发生违约的概率也是"千差万别"。新资本协议要求"对具有不同风险特征的样本数据集进行分析,分别估算风险参数",因此在建模之前,商业银行应首先根据自身的业务实际,从客户经营规模、客户所属行业等维度,将风险特征类似的客户划分到一个"模块",然后针对不同模块的客户,选择不同的模型建立全行客户评级的模型体系。图5-7为某股份制银行依据规模和行业两个维度对其非零售客户的模型划分结果,全行非零售客户共划分为12个"模块",共建立12个评级模型,其中一般公司类客户评级模型9个,金融同业客户评级模型3个。

二是模型开发。基于前述模型划分,模型开发的任务就是对每一个"模块"的客户依据样本数据积累情况,分别建立客户评级模型。如前所讨论,国内商业银行客户评级模型主要是通过定量的 Logistic 回归模型和定性的专家打分卡进行构建。定量指标主要是沿用客户的财务报表可得的财务数据作为分析基础,包括规模、盈利能力、流动性、偿债能力、杠杆比率、运营能力和成长性等类指标,数据来源于企业提供的财务报表。定性指标则关注一些财务报表以外的分析指标,如宏观外部环

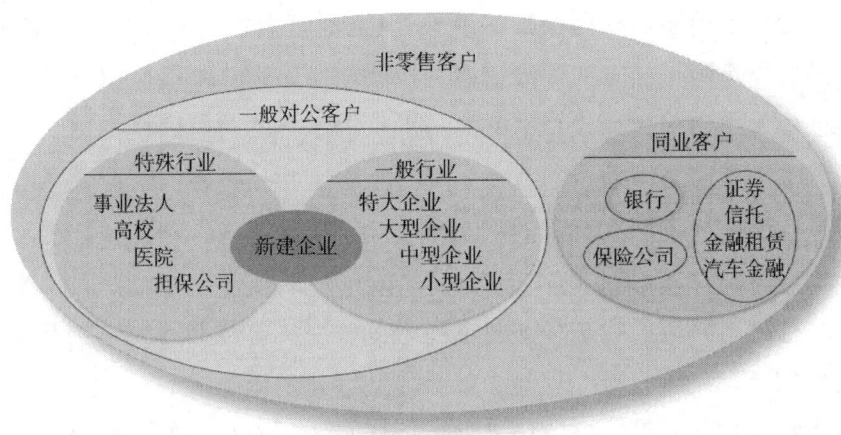

图 5-7 模型划分示意图

境及行业状况、市场地位与竞争优势、公司管理和运营状况等。通过定量分析和定性分析，筛选出对借款人信用影响最为显著、最具统计意义一组变量指标及其相应的权重，从可以计算每个客户的信用评分。模型开发的流程示意图详见图 5-8。

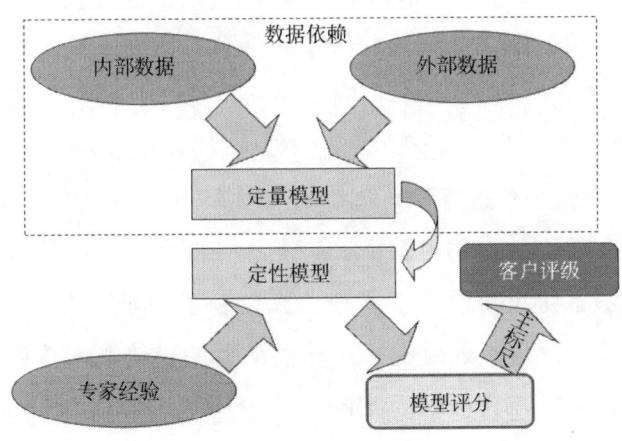

图 5-8 模型开发流程图

三是模型检验。模型检验的目标是检验模型的区分能力与稳定性。对于具有充足验证样本的评级模型,业界往往采用 AR 值检验,首先计算验证样本集所对应的模型 AR 值与训练样本集所对应的模型 AR 值的残差,然后检查 AR 残差的分布区间与集中度,较理想的情况是 AR 残差遵从一个较窄的区间,同时残差集中分布在 0 附近。根据同业经验,如果绝大部分 AR 值残差分布在 $-0.15 \sim 0.15$ 区间带之内,则认为模型的验证效果较好。对于缺乏验证样本的情况,可以通过内部基准测试方法计算秩和相关系数,从而实现对模型结果的检验。

四是模型校准。在评级模型建立之后,需将客户的得分映射到相应的评级等级,即客户评级。然而由模型直接获得的违约概率结果和实际违约率之间可能存在差异。这些差异主要是由以下两方面原因造成:

一方面,样本差异,由于数据质量、样本时段选择等原因,建模使用的样本虽具有一定代表性,但不完全等同于总体样本。

另一方面,技术局限,建模中采用的统计方法在使用时往往会有各种前提假设,但实际数据可能不满足这样的假设前提。

模型校准可以解决样本与总体差异性这一问题:即通过校准,将模型结果和"真实"违约概率相对应,而"真实"违约概率被称之为"长期中心违约趋势"(简称 CT)。CT 是指考虑了经济衰退期影响的特定模块资产组合的长期平均违约率(如图 5-9 示意),经过校准的模型违约概率平均值应和对应资产组合的长期中心违约趋势相符,这样才能满足新资本协议要求的"参数估算代表了长期经验"。

在模型校准之后,通过主标尺将校准后的违约概率映射到相应的信用风险等级,即客户评级,而相同的风险等级意味着相同的违约概率,以便统一商业银行不同业务条线、部门和地区间的客户评级结果所对应的风险程度。

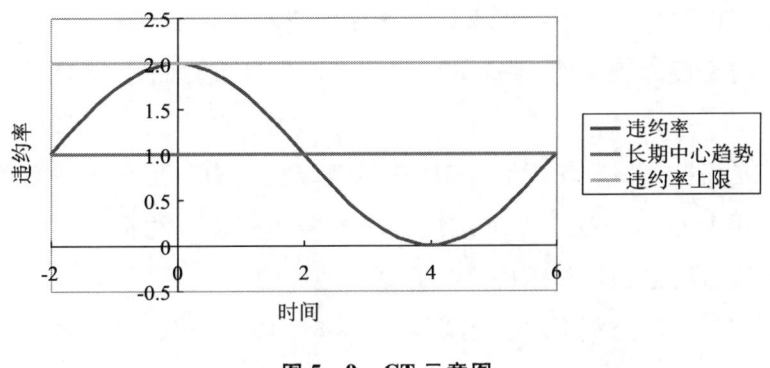

图 5-9 CT 示意图

五、债项评级模型开发核心架构

债项评级是指通过对债项内含的风险因素,例如担保、抵/质押情况、债务优先级、产品类型和特点等进行定量和定性分析,对债项本身的违约损失率进行计量和评价,以反映债务人违约后债项损失的风险,并在此基础上对债项实施分级管理的方法。债项评级模型开发的核心是违约损失率的计量。

一是建模数据准备。不同于客户评级需要正常和违约建模样本,在债项评级中建模数据来源于商业银行中进入资产保全环节的违约债项数据。在建立模型对 LGD 进行估计之前,需要根据违约债项的历史清收情况计算实际的违约损失率。违约损失率的计算公式如下:

$$LGD = 1 - \frac{\sum_{i=1}^{n} \frac{\text{回收金额}_i - \text{回收成本}_i}{(1+\text{折现率})^i}}{\text{违约风险暴露}}$$

其中,i 表示不同时间点清收的情况。由于在清收完成后回收金额、回收成本以及违约风险暴露都是确定的数值,因此影响实际 LGD 的因素就仅有折现率。关于折现率的选择在新资本协议中有明确规定,不同的选择将直接影响实际 LGD 的大小,进而影响模型估计 LGD 值的整体水平。

二是模型开发。考虑到 LGD 服从双峰的"U"形分布,商业银行主要采用 Beta 模型结合专家定性判断的方式开发违约损失模型。模型考虑的变量因素包括贷款的产品因素、担保因素、期限因素以及借款人行业因素、外部宏观经济因素等(见图 5 – 10)。在担保因素项下业界往往仅仅考虑保证金和抵/质押担保,而对于保证担保采用的是评级替代方式将其影响因素在违约概率中予以考虑,保证担保的违约损失率计算中相应的敞口则采用信用方式。类似于客户评级,违约损失模型也需要利用 AR 值等方法对其区分能力与稳定性进行检验。

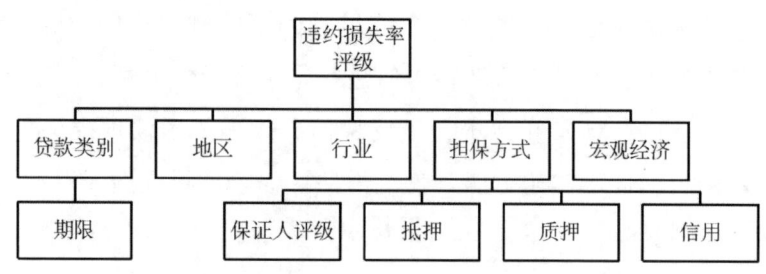

图 5 – 10 违约损失率影响变量图

三是模型调整。目前商业银行开发的 LGD 模型主要考虑了担保缓释因素的作用,对于其他一些方式的缓释作用考虑不足。因此,为了能够更好地反映这些因素的影响,例如:产品的自偿行,业界通常结合专家经验确定相应的结构调整因子(S,无调整情况 S =1),对 LGD 进行相应的调整。

$$最终 LGD 结果 = 模型预测 LGD \times S$$

四是债项评级。利用模型违约概率乘以违约损失率可以得到预期损失率（Expected Loss Rate，ER），其从客户和债项两个维度整体上反映一笔贷款的风险情况，最后按预期损失率的从低到高划分不同的等级即为"债项评级"。

第三节 内部评级的应用管理

一、应用领域介绍

内部评级结果在风险管理中得到合理应用是我国银监会批准商业银行实施内部评级法的前提之一。新资本协议将内评应用分为核心应用和高级应用两个模块，但从商业银行风险管理层面看，监管是从宏观、中观、微观三个层面提出了内部评级结果在风险管理中的应用要求。

宏观战略层面，监管要求内部评级应用领域包括：风险偏好和风险战略、风险管理文化、风险报告、绩效考核，以便商业银行预测、评估和控制风险的能力得到有效提升。商业银行应以资本作为统一的风险语言，根据自身的资本充足状况来确定风险偏好和风险战略，并应用于资本规划、配置和考核之中，通过资本体现"资本总量约束""资本要求回报"，实现规模、效益以及风险水平三个维度的平衡。

中观组合层面，监管要求内部评级应用领域包括：差异化的信贷政策、组合限额管理、经济资本模型。这层面是商业银行资本管理目标、风险偏好、业务发展战略等宏观风险管理目标在中观组合层面的实施，通过差异化的信贷政策明确不同风险客户的授信标准，改变以往粗放授信模式；优化不同维度的信贷组合管理，实现对集中度风险的良好控制；将风险/收益分析、经济资本分配、RAROC 和 EVA 等量化手段，融入风险管理维度的绩效考核。

微观客户层面，监管要求内部评级应用领域包括：信贷审批、贷款定价、单一客户限额管理、风险监控、损失准备计提。通过内部评级体系建设，提高风险参数的风险区分能力，为贷款定价和审批提供重要决策依据，改进单一客户限额管理方式，丰富授信风险监控手段，实现资产质量和业务收益的双重提升。

二、组合限额管理应用案例

组合限额管理是商业银行基于其业务发展战略和风险偏好，在综合考虑不同资产组合风险和收益的基础上，将信贷业务总量按照行业、区域、产品等不同组合维度进行分配的管理方式。国际商业银行在最初引入风险限额管理的概念时，将其主要定位于防范和控制风险。随着经济资本（EC）及风险调整资本收益率（RAROC）等方法的引入，组合限额管理已不再单纯具有风险防备和控制功用，而是逐步成为商业银行实现风险战略和业务获取最大化收益的重要管理手段之一。

学术界及金融界关于组合限额管理的文献和方案层出不穷，花样繁多。但是很多文献和方案的设计思路是相类似的，基本采用了通过设定收益、风险等约束目标，利用随机计算等统计算法，确定满足约束目标的最优参数值，即为最有组合限额管理方案。而各个方法的不同点往往在于约束条件、参数个数的设置以及统计计算方式的不同。下面将介绍一种多维约束求最优的组合限额设定方法。

假设某商业银行在全国具有 34 家省级分行，现总行拟制定下一年度各家分行的信贷投放规模，目标是在尽量控制全行系统不良率、风险资产等指标的情况下，最大化全行风险调整资本收益率。可以通过下面的方法确定全行信贷资源分配的最有方案。

首先，确定最有化方案的目标函数及相关限制条件。

目标函数：$Max\{全行\ RAROC\}$

限制条件：
$$\begin{cases} 全行贷款平均\ PD \leqslant C_0 \\ 全行贷款平均\ LGD \leqslant C_1 \\ 全行信用风险\ RWA \leqslant C_3 \\ 全行下一年信贷增长规模\ G \leqslant C_4 \\ 集中度\ HHI\ 系数 \leqslant C_5 \\ 其中，C_0、C_1、C_3、C_4、C_5\ 均为常数 \end{cases}$$

其次，制定 34 家分行下一年的信贷规模分配方案，假设 G_i 为分行 i（$i=1,\cdots,34$）下一年信贷规模相对本年的增长率，且满足下面的定义公式：

$$G_i(\%) = \eta \times \left(\frac{L_i - L_{min}}{L_{max} - L_{min}}\right)^{\mu} + C$$

其中：

L_{max} 为 34 家分行 $RAROC$ 值中的最大值，L_{min} 为 34 家分行 $RAROC$ 中的最小值。

μ 为增长率调剂系数，即幂函数的指数，假设 $\mu > 1$，此时随着 $RAROC$ 的增加，$RAROC$ 高的分行增长率增加更快。

η 和 C 为可调参数，其中 η 表示信贷规模增长率的极差，即最大增长率和最小增长率之差，C 表示信贷规模最小增长率，两个参数可以根据银行信贷资产规模增长率的历史情况设定。

上述参数中，L_i、L_{max}、L_{min} 来自银行历史实际数据，η 和 C 为银行根据其历史授信额度以及增长情况设定的可变参数，因此 G_i 公式中仅有 μ 是随机变量系数。具体而言，每个不同 μ 值对应了一组各家分行下一年的信贷规模增长率，即代表了一组限额方案。

根据设置的情景，上述案例中组合限额测算需要的数据如下：

本年各分行贷款规模及占全行规模的比例；

本年全行贷款平均 PD 以及各分行贷款的 PD；

本年全行贷款平均 LGD 以及各分行贷款的 LGD；

下年全行信用风险 RWA 以及各分行下年信用风险 RWA，其为参数 μ 的函数；

下年全行赫芬达尔—赫希曼 HHI 指数，其为参数 μ 的函数，定义为：

$$HHI 系数 = \sum_i (分行 i 下年信贷规模占比)^2$$

根据蒙特卡洛模拟算法，可以模拟多个 μ 的不同取值，例如 10 万个，即得到 10 万个不同的组合限额方案。然后，根据目标函数以及多维度的约束条件，从 10 万组备选中选出符合约束条件且使得全行 RA-ROC 这一目标函数最大化的几组方案，再结合业务实际要求，最终确定最优方案。

第六章

大数据背景下信用风险计量方法研究

第一节 背景介绍

在第四章,介绍了包括 Z-Score、Logit、KMV 在内的多个信用风险计量模型,在第五章又介绍了应用 Logit 和 Beta 模型分别进行客户评级和债项评级建模的过程。在实践中,上述传统经典的信用风险计量模型逐渐暴露出了多方面不足,这引起了学术界和金融界的广泛关注。

一是模型抓取样本信息能力不足,对样本数量要求过高。例如,在客户评级模型开发中,业界实践普遍要求"违约样本数不能低于50,最好要有100个以上",以至于绝大多数评级模型只能通过专家打分卡建立。如国内某商业银行,22个客户评级模型中仅有3个模型采用了定量分析模型。而实际上,从统计意义上讲,30个样本已属于大样本数据,尤其在生物医学统计中,由于有些疾病本身发病率低,同时受伦理道德影响取样困难,若能采集十几个样本已经难能可贵。

二是模型准确性不足,预测风险能力受限。现有经典的信用风险计量模型往往属于"模型选择"类的方法,既要选出与风险相关的最关键的指标因素,又要估计出每个入模指标对应的系数,在有限样本的情况下,难以做到"两手抓且两手都要硬"。

三是计算效率不高。一方面,当解释变量过多时,经典模型往往难以通过"遍历"选择最优指标子集,例如:在客户评级模型开发中,由于财务指标过多,业界往往先通过专家经验确定一定范围内的财务指标,然后再通过定量分析方法遍历选择最优指标子集,这一定意义上增加了模型结果的主观性;另一方面,当解释变量之间存在复共线性时,经典模型往往难以解析。

针对上述"痛点",本章将在大数据背景下,尤其是在解释变量很多而样本量很少的背景下,介绍国际上先进的变量选择方法以用于信用风险计量实践。同时,本章也将引入自身的研究成果,并与国际上先进大数据模型进行对比分析。

第二节 大数据背景下变量选择的意义

变量选择,在金融学上又称"特征选择"或者"指标选择",在过去几十年一直是一个热门问题,无论是在理论统计研究中还是在实际的统计应用领域,都受到了持续关注。给定所有可能的解释变量之后,变量选择的任务就是选出与响应变量相关的变量子集而剔除那些"多余"的不相关变量,以便建立稳定的学习模型,提高模型的精度。Guyon, I. (2003) 具体表述了变量选择的工作的意义,具体体现在以下三个方面:选出观测成本低且又相关性强的变量;提高模型的预测精度;提高模型的可解释性。

变量选择算法通常可以分为两类:变量排序和变量子集选择。变量排序是通过某一个变量标准先对所有变量打分并且按照分数的大小进行排序,然后剔除那些得分没有达到"阈值"的变量。而变量子集选择的目标就是在所有可能的变量子集中搜索最优子集。在金融领域,信用风险计量更多地表现为风险因素的选择问题,即从众多与借款人、债项或者授信相关的风险因素中,找出与风险相关性最强、最符合业务实际的几个关键因素,并计算出这些因素相对应的风险权重以构建统计模型预测未来风险状况，为授信决策提供参考依据。

在经典统计的框架下，变量个数不大且小于样本个数，各式各样的变量选择方法在文献中被提出，比如线性回归模型、逐步回归中的向前法、向后法，交叉验证法、过度拟合惩罚法、信息准则法等等。这些方法能有效处理这些变量不太大的数据，并且在不同的应用领域都取得了一定的成功。

"大数据"（Big Data）现属于时代的热词，媒体的"宠儿"。大数据于2014年3月首次被写入《政府工作报告》，党和国家政府多次反复强调开发应用好大数据的重要性，并将其作为"基础性战略资源"。可以说，大数据时代大势将至，未来已来。大数据顾名思义就是数据大、数据多，然而大数据的主要来源于哪？大数据大在哪？多在哪？对这些问题的认识，社会往往存在误区。百度百科对大数据的解释是："指无法在一定时间范围内用常规软件工具进行捕捉、管理和处理的数据集合，是需要新处理模式才能具有更强的决策力、洞察发现力和流程优化能力的海量、高增长率和多样化的信息资产。"此定义的核心并不在明确数据有多大，而重点强调在数据信息用常规手段难以捕捉，并提出了"需要新处理模式"的挑战。

大数据最早起源于生命信息科学以及因特网信息数据中，例如：在生命信息科学中，作为解释变量的基因表达数据往往数以万计，作为解释变量的单核苷酸多态性（SNPs）往往数以十万计。然而，在以上两类数据中，用来作为统计建模的样本总数（病人个数）经常仅几十甚至十几个。近年来，随着信息科学的发展，金融数据的"大数据"化趋势明显，除了传统的借款人财务数据、基本经营数据之外，授信客户的外部征信数据、交易数据、行为数据、与其他客户之间的关联数据等大幅增加，而受制于单个金融机构内部数据规模以及外部数据难以获得共享，商业银行在进行数据分析过程中通常面临样本尤其是违约样本较少的窘境。介绍的上述大数据，普遍具有解释变量个数远远大于样本个数的特性，在学术界称之为"高维数据"。

高维数据的出现使得传统变量问题遇到了前所未有的挑战，就如前述的"无法在一定时间范围内用常规软件工具进行捕捉、管理和处理的数据集合"。*Fan et al.*（2009）从以下四个方面讨论了高维数据给传统变量选择问题带来的挑战：

➢如何设计具有高效率的统计推断模型；
➢如何获得渐近理论和非渐近理论；
➢如何使得模型具有较强的解释性；
➢如何使得统计计算高效且稳健。

虽然高维变量选择具有很大的挑战性，但还是吸引了相关领域的科研人员进行研究，并且提出了很多成功的理论方法或者统计算法来客服所谓的"维数灾难"。本章，将介绍几种在学术界以及业界已经取得广泛认可的高维变量选择方法，同时也将介绍的研究成果，包括图限制下的正规化变量选择方法、基于 *AIC* 准则的 *Bayes* 变量选择方法等。

第三节　模型和假设

在本章中，讨论线性模型下的变量选择问题，更确切地说是高维变量选择问题。而对于非线性模型，例如 *Logit* 模型，通常可以通过关系式转换成线性模型。在应用统计中，线性模型经过几十年繁荣之后似乎逐渐过时，然而在最近几年，在高维数据分析中线性模型越来越受到关注。Heaton et al.（2010）论述了线性模型在高维数据分析中的优势：

➢有些数据维数太高，除线性模型之外其他非线性模型难以平滑的拟合数据。

➢很多非线性模型都能拆解为线性模型，区别仅仅在于拆迁后线性模型的解释变量是原模型解释变量的函数罢了。

本章考虑下面的线性模型：

$$y = x^T \beta^* + \varepsilon$$

这里，y 是响应变量；$x = (x_1, x_2, \cdots, x_p)^T$ 是 p 维解释变量；$\varepsilon \sim N(0, \sigma)$ 是误差项；$\beta^* = (\beta_1^*, \beta_2^*, \cdots, \beta_p^*)^T$ 是回归系数真值。记 y 和 x 的 n 次观测值为 $Y = (y_1, y_2, \cdots, y_n)^T$ 和 $X = (X_1^T, X_2^T, \cdots, X_n^T)^T$，其中 $X_i = (x_{i1}, x_{i2}, \cdots, x_{ip})$ 是解释变量 x 的第 i 次观测值。假设解释变量的维数 p 可以远大于变量个数 n。同时，假设系数 β^* 是具有"稀疏性"，具体含义在本章第四至五节中分别进行说明。

第四节 基于惩罚的正规化变量选择方法介绍与评析

对于线性模型 $y = x^T \beta^* + \varepsilon$，其最经典的解是最小二乘估计，即：

$$\hat{\beta} = \arg\min_{\beta} \| Y - X\beta \|^2$$

其中，$RSS = \| Y - X\beta \|^2$ 为残差平方和。研究证明，最小二乘估计不是理想的变量选择模型，因为模型选入的解释变量越多，RSS 就会越小，故以最小二乘估计作为变量选择标准，往往选出的是解释变量全集，

从而造成过度拟合,其后果便是降低了参数估计精度和模型预测精度。

一、传统的正规化变量选择算法

鉴于最小二乘估计通常选出全集解释变量而造成过度拟合的特性,统计学家设计了一系列"惩罚"最小二乘估计的正规化变量选择方法,基本思路是在正规化的目标函数中增加一项入模变量个数 q 的惩罚函数,使得随着 q 的增加在残差平方和 RSS 减小的同时,惩罚函数值不断增加,实现惩罚效果。经典的正规化变量选择方法有以下几个:

➢ RMS 准则:$\hat{\beta} = \arg\min_{\beta} \dfrac{1}{n-q} RSS_q$。

➢ C_p 准则:$\hat{\beta} = \arg\min_{\beta}\left[\dfrac{RSS_q}{\dot{\sigma}} - (n-2q)\right]$,其中 $\dot{\sigma}$ 为全模型下(q = n)随机误差项的方差估计。

➢ AIC 信息准则:$\hat{\beta} = \arg\min_{\beta}[n\ln(RSS_q) + 2q]$。

➢ AIC 信息准则:$\hat{\beta} = \arg\min_{\beta}[n\ln(RSS_q) + 2q\ln n]$。

上述几个经典方法因其简单高效在过去几十年得到了广泛应用,但是实践证明在面对高维数据时其计算结果不甚理想。

二、Lasso 算法

随着不断研究探索,统计学家尝试以参数 β 的函数 f(β) 的作为惩罚函数来解决最小二乘估计过度拟合的问题,其基本形式为:

$$\hat{\beta} = \arg\min_{\beta}\{\|Y - X\beta\|^2 + f(\beta)\}$$

这其中最典型的代表是 Lasso [Tibshirani, R (1996)], Lasso 定义如下：

$$\hat{\beta} = \arg\min_{\beta}\{\|Y - X\beta\|^2 + \lambda\sum_{j}|\beta_j|\}$$

或者为 $\hat{\beta} = \arg\min_{\beta}\|Y - X\beta\|^2$, 满足 $\sum_{j}|\beta_j| \leq t$

两个定义 $\lambda > 0$ 中 $t > 0$ 控制着对回归参数 β 的惩罚程度。当 $t \geq \sum_{j}|\beta_j^*|$ 时，Lasso 算法就相当于最小二乘估计；当 $t < \sum_{j}|\beta_j^*|$ 时，Lasso 算法便对模型系数 β 进行了收缩，并且使得一部分回归系数收缩为 0，从来达到变量选择的目的。

Lasso 算法颇受学术和应用领域青睐，主要因其具有以下三方面的优势：

一是通过 Lasso 方法估计的模型参数 $\hat{\beta}$ 实现了真正收缩，减少了模型的复杂度。如图 6-1 所示，当横轴模型系数 β 比较小时，纵轴 Lasso 的估计值 $\hat{\beta} = 0$，从而将相应变量从模型中剔除，即所谓的"稀疏性"。

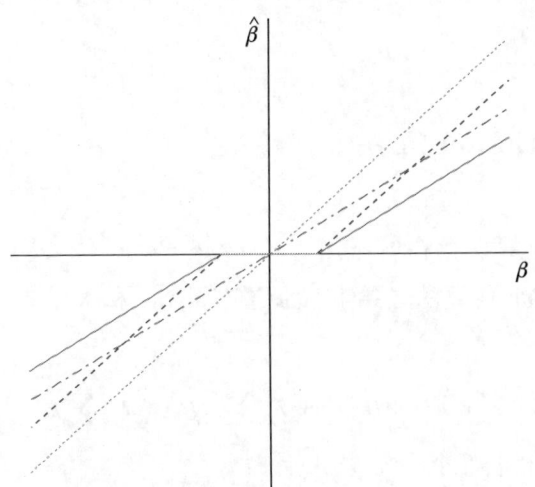

fig.Exact solutions for the lasso (----), ridge regression (-·-) and the naive elastic net (——) in an orthogonal design (······, OLS): the shrinkage parameters are $\lambda_1=2$ and $\lambda_2=1$

图 6-1　Lasso、Ridge、naive elastic net 回归系数估计收缩图

二是 Lasso 的估计值 $\hat{\beta}$ 收敛于模型真值 β^*，这对 Lasso 的优异表现提供了有力的理论支撑，即：

$$\|\hat{\beta} - \beta^*\| \xrightarrow{P} 0, \text{ 当 } n \to \infty$$

三是 Lasso 算法相对简单，容易实现，这在高维数据的分析中尤其难能可贵。

在实际应用中，Lasso 算法也暴露出以下两方面不足：

一是由于 Lasso 惩罚函数的原因，其最多只能选择 n 解释变量进入模型，即便解释变量个数 p 可能远大于 n。

二是如果一组解释变量之间具有很强的相关性，Lasso 算法在变量选择时最多只能从这组变量中选择其中一个进入模型，而不关心具体选中的是哪一个变量，也就是 Lasso 算法缺少"组效应"（Grouping Effect）。

出于简化模型角度考虑，实际应用中 Lasso 的第一项不足往往可以忽略；然而，缺少"组效应"使得 Lasso 算法在处理强相关性的数据时的表现不尽如人意。

三、Elastic net 算法

为克服 Lasso 算法存在的不足，Zou and Hastie（2005）提出了 Elastic net（以下简称 Enet）算法，给非负调整参数 λ_1 和 λ_2，Enet 算法的目标函数为：

$$Q(\lambda_1, \lambda_2, \beta) = \|Y - X\beta\|^2 + \lambda_1 \sum_j |\beta_j| + \lambda_2 \sum_j \beta_j^2$$

回归系数的估计值为：

$$\hat{\beta} = \arg \min_\beta Q(\lambda_1, \lambda_2, \beta)$$

通过定义可以发现，当 $\lambda_1 = 0$ 时，Enet 算法变为 Ridge 算法，（Ridge

算法也是一种正规化的对回归系数 β 的收缩算法,其收缩形式见图 6-1。可见,其并未将取值比较小的回归系数收缩为 0,因此 Ridge 算法下的回归系数估计值不具备"稀疏性",但 Ridge 具有"组效应")当 $\lambda_2 = 0$ 是,Enet 算法变为 Lasso 算法。

实践和理论证明,Enet 算法最多可以将全部 p 个变量选入模型,且具有明显的"组效应",克服了 Lasso 算法的缺陷。但 Enet 的预测效果并不理想,因此 Zou and Hastie(2005)将算法进行了修正,修正后的定义为:

$$\hat{\beta} = (1 + \lambda_2) \arg \min_{\beta} Q(\lambda_1, \lambda_2, \beta)$$

修正后,通过乘以参数 $1 + \lambda_2$,在未改变算法其他优良性质的情况下,调整了算法对系数 β 的收缩度,提高了模型的预测精度。

四、其他大数据正规化变量选择方法

Lasso 算法取得的广泛成就吸引了大量统计科研人员对其研究,并引申出一些列的 Lasso 扩展算法,比如:Adaptive Lasso、LAD - Lasso、Group - Lasso、Fused - Lasso。不同于 Lasso 算法的凸惩罚,Fan et al.(2001)提出了 SCAD 算法,即在残差平方和上添加一个关于回归系数的非凸 Smoothly Clipped Absolute Deviation(SCAD)惩罚。后续,Huang et al.(2007)从理论上证明了 SCAD 具有良好的收敛性质。大量的应用实践证明上述几个算法的在高维数据变量选择上的具有较高的效率和预测精度。

第五节 基于先验图信息的正规化变量
选择方法及其应用

一、提出问题

在金融统计建模分析中,部分风险指标之间往往具有很强的相关性。例如:企业多个盈利能力指标之间具有很强的相关性,互相担保的企业之间授信风险具有很强的相关性。此情况下数据分析人员就面临取舍哪些相关性指标的问题,甚至于不得已借助专家经验判断的方式来决策。不只是在金融领域,同样的问题也会反复出现在其他领域,例如:在生命医学中,同处于某分子模块的基因往往具有很强相关性,他们共同作用影响生命活动。在生命医学统计分析中,统计学家通常将强相关的基因变量作为一个整体考虑,整体被选入模型或者从模型中被整体剔除,即前述讨论的"组效应",因为他们相信这些基因间的相关性是经过多年大量的临床实践经验和生命医学研究得到的,充分利用且整体考虑这些宝贵的先验信息对于致病机理的研究具有重要的重要意义。

实际上,"组效应"并非高维数据分析下的新鲜产物。在传统统计中,当解释变量之间存在复共线性关联时,一种行之有效的方法便是采用主成分分析,而主成分分析选出的变量就是原相互关联的解释变量的线性组合,因此主成分分析也实现了"组效应"。只不过主成分分析难以在高维数据下得到理想效果,因此统计学家不得不尝试其他方法。

如本章第四节所述，虽然 Lasso 算法因其在计算方面的高效性和输出稀疏的参数估计而备受青睐，但是其并不具备"组效应"，如果一组变量之间具有很强的相关性，Lasso 总是倾向于选择其中某一个变量进入模型而不关心进入模型的变量具体是哪一个。Zou et al.（2005）对 Lasso 算法进行了修正并提出了 Enet 算法，Yuan et al.（2006）提出了 Group LARS、Group Lasso，Wang et al.（2007）提出了 Group SCAD，Luan et al.（2008）提出了 Group Gradient Descent Boosting 算法，上述方法只是从算法上实现了"组效应"，但并未考虑变量强相关性背后所暗含的先验信息。

变量之间的相关性关系是抽象的，Li et al.（2008，2010）将其用图的形式进行了形象刻画。假设 p 个解释变量之间的相关性关系图为 G $=(V,E,W)$，其中 $V=\{x_1,x_2,\cdots,x_p\}$ 表示由 p 个解释变量组成的图的顶点；$E=\{u\sim v\}$ 是存在某种相关性的变量 x_u 和 x_v 连接而成的边的集合；W 是图中边的权重的集合，其元素 $w(u,v)$ 代表边 $e=(u\sim v)$ 的权重；对任意定点 x_v，定义"度"为 $d_v = \sum_{u\sim v} w(u,v)$，如果 x_v 满足 $d_v=0$，就称其为"孤立点"，即与图中其他顶点之间没有相关性。上述图形象地刻画了变量相互之间关联关系，包括与谁关联，关联性有多大。

Li et al.（2008，2010）将图所包含的信息，作为惩罚函数，融合到 Lasso 算法中，提出了 Grace 算法，其定义为：

$$\hat{\beta} = \arg\min_{\beta} Q^*(\lambda_1,\lambda_2,\beta)$$

这里：

$$Q^*(\lambda_1,\lambda_2,\beta) = \|Y-X\beta\|^2 + \lambda_1\sum_u|\beta_u| + \lambda_2\beta^T L\beta$$

$$= (Y-X\beta)^T(Y-X\beta) + \lambda_1\sum_u|\beta_u|$$

$$+ \lambda_2 \sum_{u \sim v} \left(\frac{\beta_u}{\sqrt{d_u}} - \frac{\beta_v}{\sqrt{d_v}} \right)^2 w(u,v)$$

其中，Y 已中心化且 X 已中心标准化，满足 $\sum_{i=1}^{n} y_i = 0$，$\sum_{i=1}^{n} x_{ij} = 0$，$\frac{1}{n}\sum_{i=1}^{n} x_{ij}^2 = 1$，$j=1,\cdots,p$；L 为一个拉普拉斯矩阵，其元素为：

$$L(u,v) = \begin{cases} 1 - \frac{w(u,v)}{d_u}, & \text{如果 } u = v \text{ 且 } d_u \neq 0 \\ \frac{-w(u,v)}{\sqrt{d_u d_v}}, & \text{如果 } u \text{ 和 } v \text{ 是连接的} \\ 0, & \text{其他情况} \end{cases}$$

非负调整参数 λ_1 和 λ_2 分别控制着参数估计的稀疏度和平滑性。当 $\lambda_2 = 0$ 时，Grace 算法就变成 Lasso 算法；当 L 是一个单位矩阵时，Grace 就变成了 Enet 模型。

Grace 是通过平滑性来实现其变量选择"组效应"功能的，平滑性要求当两个解释变量相关性非常强时，其参数估计也非常接近。然而认为 Grace 关于平滑性的要求有点严格甚至不和实际。举一个极端的例子，假设某一强相关变量组由 $x_i = x_j$，$i,j \in \{1,2,\cdots,p\}$ 两个变量组成，并且假设变量组对模型的影响（即系数之和）满足 $\beta_i + \beta_j = c$。按照 Grace 算法的平滑性要求，回归系数 β_i 和 β_j 应该满足 $\beta_i = \beta_j = \frac{c}{2}$。实际上，$x_i$ 和 x_j 可以有不同的系数组合 $\begin{cases} \beta_i = \rho c \\ \beta_j = (1-\rho)c \end{cases}$，其中 $\rho \in [0,1]$，可以与平滑系数 $\beta_i = \beta_j = \frac{c}{2}$ 达到同样的影响效果 $\frac{c}{2}x_i + \frac{c}{2}x_j$。这说明，要想实现变量选择的"组效应"，对回归系数估计的平滑性要求是非必需的。

为了改善 Grace 对平滑性的"不合理"要求，沿用 Grace 算法利用包含先验图信息的惩罚函数来修正 Lasso 算法的思想，提出 N-Grace 方法。然后通过两个模拟计算来将的 N-Grace 算法与 Grace、Lasso、Enet 算法进行比较分析，以评判孰优孰劣。

二、N-Grace 算法定义

任意给定非负调整参数 λ_1 和 λ_2，提出的 N-Grace 算法定义为：

$$\hat{\beta} = \arg\min_{\beta} Q^{**}(\lambda_1, \lambda_2, \beta)$$

其中目标函数：

$$Q^{**}(\lambda_1, \lambda_2, \beta) = (Y - X\beta)^T(Y - X\beta) + \lambda_1 \sum_u |\beta_u|$$
$$+ \lambda_2 \sum_{u \sim v} |I(\beta_u \neq 0) - I(\beta_v \neq 0)| w(u,v)$$

这里 $I(\bullet)$ 是一个示性函数，满足：

$$I_A(a) = \begin{cases} 1, & \text{如果 } a \in A \\ 0, & \text{如果 } a \notin A \end{cases}$$

通过惩罚函数 $\lambda_2 \sum_{u \sim v} |I(\beta_u \neq 0) - I(\beta_v \neq 0)| w(u,v)$，不难发现 N-Grace 算法的"组效应"只要求先验图中相关的变量系数同时为非零（被选入模型）或同时为零（未被选入模型），而未要求系数平滑。因此，N-Grace 算法的要求比 Grace 更加一般化，而且但就选择变量来说的方法统计意义更加合理。

三、仿真计算及对比分析

为了验证 N-Grace 算法在变量选择和参数估计方面的表现，进行了 2 个模型计算。同时公平起见，直接采用 Li et al（2008 and 2010）中的模型设计，然后与 Lasso、Enet、Grace 进行模拟结果对比分析。

模型 1：假设变量关联图中，有 50 个相互之间不连接的变量组模块，每个模块中有一个转录因子（Transcription Factor，TF）并且每个转录因子控制着 10 个不同的变量。因此，整个图中一共有 550 个变量，在这些 50 个模块中，假设前 4 个模块与响应变量 y 相关。响应变量 y 由下面的线性模型产生：

$$y = \sum_{j=1}^{550} \beta_j x_j + \varepsilon$$

这里误差项 $\varepsilon \in N(0, \frac{1}{11}\sum \beta_j^2)$，回归系数被制定为：

$$\beta_j = \begin{cases} (2, \frac{2}{\sqrt{10}}, \cdots, \frac{2}{\sqrt{10}}) & 1 \leq j \leq 11 \\ (-2, \frac{-2}{\sqrt{10}}, \cdots, \frac{-2}{\sqrt{10}}) & 12 \leq j \leq 22 \\ (4, \frac{4}{\sqrt{10}}, \cdots, \frac{4}{\sqrt{10}}) & 23 \leq j \leq 33 \\ (-4, \frac{-4}{\sqrt{10}}, \cdots, \frac{-4}{\sqrt{10}}) & 34 \leq j \leq 44 \\ 0 & j \leq 45 \end{cases}$$

假设 50 个 TF 变量的独立抽样于标准正态分布 $N(0,1)$。给定某个 TF，他所关联变量独立抽样于正态分布 $N[\rho \times x_{TF_j}, (1-\rho)^2]$，这里 ρ 是 TF 与其控制的变量的相关系数，分别设为 0.5 和 0.9。

模型 2：模型 1 假设前 44 个相关变量的系数和变量的度成正比，这暗合了 Grace 定义。因此，模型 1 的设置更加偏好于 Grace 算法。在模型 2 中，设置一个更一般的模型，然后对几种算法结果进行比较。假设图中还是有 550 个变量，并且只有前 44 个变量与响应变量 y 相关，y 依旧由模型 1 中的线性模型产生，并且误差项 $\varepsilon \in N(0, \frac{1}{11}\sum_j \beta_j^2)$。550 个解释变量因相关性而组成的网络图结构设置如下：

- 对于 $1 \leq j \leq 11$，变量 $x_1, \cdots, x_{11}$ 之间因相关性两两连接而成一个完全子图，而且变量抽样于标准正态分布，满足两两变量的相关系数为 0.5 或者 0.9。回归系数随机制定为：

$$(\beta_1, \cdots, \beta_{11})^T = (0.30, -1.34, 0.71, 1.62, -0.69, 0.86\\ 1.25, -1.59, -1.44, 0.57, -0.81)^T$$

- 对于 $12 \leq j \leq 22$，变量 $x_{12}, \cdots, x_{22}$ 之间因相关性而两两连接成一个完全子图，而且变量抽样于标准正态分布，满足两两变量的相关系数为 0.5 或者 0.9。回归系数随机制定为：

$$(\beta_{12}, \cdots, \beta_{22})^T = (0.40, -0.82, 1.29, 0.67, 1.19, -1.20\\ -0.16, -1.60, 0.25, -1.06, 1.42)^T$$

- 对于 $23 \leq j \leq 33$，变量 $x_{23}, \cdots, x_{33}$ 之间组成一个模型 1 中的控制模块，这里 x_{23} 作为 TF 控制着 $x_{24}, \cdots, x_{33}$ 这 10 个变量。变量表达数据的抽样完全与模型 1 的做法一致，而且分别在 0.5 和 0.9 两个相关系数下抽取。回归系数制定为：

$$(\beta_{23}, \cdots, \beta_{33})^T = (4, \frac{4}{\sqrt{10}}, \cdots, \frac{4}{\sqrt{10}})^T$$

- 对于 $34 \leq j \leq 44$，从变量 x_{34} 到 x_{44} 依次连接成一个串行子图。基因表达数据抽样于标准正态分布，满足两两之间相关系数为 0.5 或 0.9。回归系数制定为：

$$(\beta_{34}, \cdots, \beta_{44})^T = (-0.78, -1.20, 1.45, 0.42, -0.59, -1.46\\ 2.21, -1.67, -0.48, 1.68, 0.50)^T$$

• 对于 $45 \leqslant j \leqslant 550$，变量 x_j 都是孤立点与其他变量没有连接。变量表达数据独立的抽样于标准正态分布而且回归系数全部为零。

下面 Lasso、Enet、Grace 和 N-Grace 四种算法对模型 1 和 2 的计算结果对比分析。假设样本量为 300，这其中 200 个是训练样本，100 个是检验样本。对任一种算法，都在训练样本下用 $five-fold\ CV$ 准则从 $\alpha \in \{0.1, 0.3, 0.5, 0.7, 0.9\}$ 和 $\lambda \in \{0.01, 0.1, 1, 10, 100\}$ 来确定参数 α 和 λ（这里定义 $\alpha = \dfrac{\lambda_1}{\lambda_1 + \lambda_2}$ 和 $\lambda = \lambda_1 + \lambda_2$，这种变形的其中一个优点就是 $\alpha \in [0, 1]$，这对确定调整参数范围具有很大帮助），然后再用全部的训练样本来估计回归系数。每个模型的模拟实验都重复 100 遍，每次模拟中都用检验样本做预测，计算预测均方误差（PMSE）。另外，还计算了灵敏度（Sensitivity）和特异度（Specificity）来比较四种算法在变量选择上的表现。具体的比较结果见表 6-1 和 6-2。

表 6-1 显示模型 1 中，基于 100 次重复计算得到 Lasso、Enet、Grace 和 N-Grace 四种算法在灵敏度、特异度和均方误差的比较结果（括号里表示参数的方差）。转录因子 TF 及其控制变量的相关系数分别为 0.5 和 0.9。

表 6-1 比较结果

方法	相关性为 0.5 时			相关性为 0.9 时		
	灵敏度	特异度	均方误差	灵敏度	特异度	均方误差
Lasso	0.621 (0.007)	0.940 (0.002)	79.485 (161.348)	0.615 (0.004)	0.974 (0.0003)	67.931 (159.107)
Enet	0.743 (0.007)	0.923 (0.007)	80.760 (169.156)	0.906 (0.006)	0.953 (0.0006)	66.930 (143.827)
Grace	0.918 (0.001)	0.918 (0.0003)	62.226 (92.113)	0.983 (0.002)	0.920 (0.003)	60.412 (126.274)

续表

方法	相关性为0.5时			相关性为0.9时		
	灵敏度	特异度	均方误差	灵敏度	特异度	均方误差
N-Grace	1.000 (0.000)	0.972 (0.001)	77.656 (191.184)	1.000 (0.000)	0.995 (0.101)	66.416 (161.177)

表6-2显示模型2中，基于100次重复计算得到Lasso、Enet、Grace和N-Grace四种算法在灵敏度、特异度和均方误差的比较结果（括号里表示参数的方差）。相关的变量之间相关系数分别为0.5和0.9。

表6-2　　　　　　　　　　比较结果

方法	相关性为0.5时			相关性为0.9时		
	灵敏度	特异度	均方误差	灵敏度	特异度	均方误差
Lasso	0.960 (0.002)	0.799 (0.005)	3.245 (8.198)	0.341 (0.001)	0.970 (0.001)	6.279 (4.495)
Enet	0.944 (0.003)	0.744 (0.003)	4.217 (8.661)	0.410 (0.001)	0.803 (0.002)	7.014 (3.082)
Grace	0.899 (0.011)	0.762 (0.005)	6.912 (22.632)	0.411 (0.001)	0.826 (0.005)	7.430 (4.434)
N-Grace	1.000 (0.000)	0.784 (0.006)	5.297 (16.342)	1.000 (0.000)	0.944 (0.007)	6.781 (6.110)

结果分析：从表6-1和6-2的结果可以看出：

(1) 在模型1和2中，对任意不同的相关系数，提出的N-Grace算法的灵敏度都是四种方法中最高，且全为1，说明的方法总能选出所有的真变量。

(2) 在模型1中，N-Grace还具有最大的特异度，这说明的方法排除了最多的与y不相关的变量。在模型2中，N-Grace的特异度只小于 Lasso，却大于 Enet 和 Grace。

（3）至于均方误差，总体说来，N - Grace 与 Lasso 和 Enet 差不多；在模型 1，N - Grace 中还优于 Lasso 和 Enet，但是差于 Grace。

（4）无论在均方误差还是在灵敏度、特异度，Grace 在两个模型之间表现反差很大，尤其是模型 2 中 Grace 的表现几乎是最差的，这说明 Grace 算法是不稳健的，这与其惩罚函数的不对称有很大关系。

第六节　Bayse 变量选择及其应用

一、提出问题

不同于以上传统的频率派变量选择算法，本节在 Bayes 框架下探讨变量选择问题。在高维数据下，Bayes 变量选择得到了广泛应用，并且取得了与频率派算法至少可比的，甚至优于频率派算法的成就。这里列举几个比较典型的例子：在金融数据的分析中，Hall et al.（2002）用 Bayes 方法在股票收益模型中选择影响最大的因素；Gerlach et al.（2002）用 Bayes 方法在企业大量的财务指标中选出对企业经营有重要影响的指标，并以此预测企业次年的收益状况。在基因微阵列数据分析中，Lee et al.（2003）、Sha et al.（2004）以及 Zhou et al.（2004）用 Bayes 方法选出与某疾病相关的基因，并用这些基因达到了很好的预测效果。在上述应用文献中，大量的数据分析表明 Bayes 变量选择方法与传统频率派方法相比至少是可比的。本节首先探讨 Bayes 变量选择的理论支撑，然后探讨 Bayes 变量选择的算法实现，最后将用两个模拟案例来比较 Bayes 方法与频率派方法在变量选择方面的对比分析。

二、框架与假设

本节中，仍然就线性模型进行研究，并且假设回归系数真值 β^* 是稀疏的，满足：

$$\overline{\lim_{n \to \infty}} \sum_{j=1}^{p_n} |\beta_j^*| < \infty$$

假设解释变量 x 服从均匀分布，解释变量的维数 $p = p_n$ 随着样本量的 n 增大而增大，且远大于样本量 n，随机误差项 $\varepsilon \sim N(0, \sigma^2)$。线性模型中响应变量 y 和解释变量 x 之间的函数关系满足下面的条件密度函数：

$$f_0(y|x) = \frac{1}{\sqrt{2\pi}\sigma} \exp\left\{ -\frac{(y - x^T \beta^*)^2}{2\sigma^2} \right\}$$

相应的回归函数为：

$$\mu_0(x) = E_{f_0}(y|x) = x^T \beta^*$$

由于 x 服从均匀分布，那么 y 和 x 的联合密度函数为 $f_0(y,x) = f_0(y|x)$。定义一个 $1 \times p_n$ 维的辅助指示变量 $\gamma = (\gamma_1, \gamma_2, \cdots \gamma_{p_n})$ 来表示被选入模型的子模型。如果解释变量 x_j 被选入模型，那么 $\gamma_j = 1$；如果解释变量 x_j 被从模型剔除，那么 $\gamma_j = 0$。选定子模型 γ 之后，定义这个子模型所对应的解释变量为 x_γ 以及解释变量的系数为 β_γ。因此，线性模型下 Bayes 变量选择和模型拟合问题可以转化为选出一个子模型 γ，然后再估计回归系数 β_γ。

把 $\overline{\lim_{n \to \infty}} \sum |\beta_\gamma| < \infty$ 作为对回归系数 β_γ 的一部分先验信息，这是一

个非常符合现实情况的一个假设,即所有的解释变量或多或少对响应变量 y 有影响,但是绝大多数解释变量的影响非常小,只有极少数解释变量的影响较大。在这种情况下,回归模型并不存在一个一部分回归系数非零,剩余部分回归系数非零的真模型,而真模型只能是全模型。因此,这种情况下所谓的变量选择只能是选出一个比全模型简单的子模型,但是具有良好的回归性质和预测精度。

给定参数 γ 和 β_γ 的先验分布 $\pi(\gamma,\beta_\gamma)$,以及相应变量 y 和解释变量 x 的样本集 D^n,按照 Bayes 后验分布的基本定义,可以得到参数 γ 和 β_γ 的后验分布:

$$\pi_n(\gamma, d\beta_\gamma \mid D^n) = \frac{\prod_{i=1}^n f(y_i, x_i \mid \gamma, \beta_\gamma) \pi_n(\gamma, d\beta_\gamma)}{\sum_\gamma \int_{\beta_\gamma} \prod_{i=1}^n f(y_i, x_i \mid \gamma', \beta'_\gamma) \pi_n(\gamma', d\beta'_\gamma)}$$

其中:

$$f(y, x \mid \gamma, \beta_\gamma) = \frac{1}{\sqrt{2\pi}\sigma} \exp\left\{-\frac{(y - x_\gamma^T \beta_\gamma)^2}{2\sigma^2}\right\}$$

为 y 和 x 的联合密度函数。那么,密度函数 $f_0(y,x)$ 的后验估计为:

$$\widehat{f}_n(y, x) = \sum_\gamma \int_{\beta_\gamma} f(y, x \mid \gamma, \beta_\gamma) \pi_n(\gamma, d\beta_\gamma \mid D^n)$$

回归函数 $\mu_0(x)$ 的后验估计为:

$$\widehat{\mu}_n(x) = E_{\widehat{f}_n}(y \mid x) = \sum_\gamma \int_{\beta_\gamma} x_\gamma^T \beta_\gamma \pi_n(\gamma, d\beta_\gamma \mid D^n)$$

三、理论成果

在 Wang et al.(2011)中定理 2.3.2 证明了在一定条件下,回归函数的后验估计函数 $\widehat{\mu}_n(x)$ 相合于真值 $\mu_0(x)$ 的后验估计为:

$$\int (\hat{\mu}_n(x) - \mu_0(x))^2 dx \xrightarrow{P} 0 \text{ 当 } n \to \infty$$

本定理从理论上解释了 Bayse 可以选出概率值比较大的子模型，这些子模型有很好的回归性质，有效缩小了变量选择范围。另外，假设回归系数真值 β^* 在满足 $\overline{\lim_{n \to \infty}} \sum_{j=1}^{p_n} |\beta_j^*| < \infty$ 的稀疏条件上最多只有 $k(n)$ 个系数非零，同时假设 $\tilde{\gamma}$ 为后验概率最大的子模型，在 Wang et al. (2011) 定理 2.4.1 中证明了通过下面公式：

$$\| \hat{\beta}_{\tilde{\gamma}} - \beta^* \|_{L_2} \xrightarrow{P} 0, \text{ 当 } n \to \infty$$

Bayes 变量选择相合于真模型。这个定理对于 Bayes 变量选择在各应用领域所取得的成功给出了一个比较合理的理论解释。

四、算法实现

实际应用中，往往假设参数 γ 和 β_γ 服从以下先验分布：

1. 模型 γ 的元素 γ_j，$j = 1, 2 \cdots p_n$，独立同分布服从二点分布，$\pi_n(\gamma_j = 1) = \lambda_n$，这里 $\lambda_n = \dfrac{k(n)}{p_n}$，其中 $k(n)$ 为真模型中非零系数的个数。因此模型 γ 的先验分布为：

$$\pi_n(\gamma) = \prod_{j=1}^{p_n} \lambda_n^{\gamma_j} (1 - \lambda)^{1 - \gamma_j}$$

2. 给定 γ，回归系数 β_γ 的先验分布服从 $\beta_\gamma | \gamma \sim N(0, c(X_\gamma^T X_\gamma)^{-1})$，大量时间证明 c 取值于 $10 \sim 1000$ 之间。

在上述关于模型 γ 和回归系数 β_γ 的先验分布下，把 β_γ 从参数的联合后验分布中积分掉，得到仅关于 γ 参数的边际后验分布：

$$\pi_n(\gamma | D^n) \propto (1 + c)^{-\frac{1}{2}} \exp\left[-\frac{S(\gamma)}{2} \right] \prod_{j=1}^{p_n} \lambda_n^{\gamma_j} (1 - \lambda)^{1 - \gamma_j}$$

其中：

$$S(\gamma) = Y^T Y - \frac{c}{1+c} Y^T X_\gamma (X_\gamma^T X_\gamma)^{-1} X_\gamma^T Y$$

至于寻找最大后验概率值的最优子模型，如果把所有可能的子模型均带入上述公式进行逐一赋值，那么当变量个数非常大时，这种做法会带来无法承受的计算量。为有效降低计算量，业界通常做法是利用 MCMC 方法，确切地说是利用高效的 Gibbs 抽样产生 Markov 链来计算最大后验概率的子模型。

五、Gibbs 抽样算法

1. 以子模型 γ 的初始值 $\gamma^{[0]} = (\gamma_1^{[0]}, \gamma_2^{[0]}, \cdots, \gamma_{p_*}^{[0]})$ 作为迭代的开始，这里 $\gamma^{[0]}$ 可以从某一个随机分布函数抽取。

2. 在第 t 次迭代中，从后验分布 $\pi_n(\gamma | D^n)$ 出去 $\gamma^{[t]}$。在随机抽取向量 $\gamma^{[t]}$ 时，是逐一对其元素 $\gamma_j^{[t]}$ 中的元素从后验分布 $\pi_n(\gamma_j^{[t]} | D^n, \gamma_{-j}^{[t]})$ 进行抽取，这里：

$$\pi_n(\gamma_j^{[t]} = 1 | D^n, \gamma_{-j}^{[t]}) \propto \lambda_n (1+c)^{-\frac{1}{2}\gamma^1} \exp\left[-\frac{S(\gamma^1)}{2}\right]$$

并且：

$$\pi_n(\gamma_j^{[t]} = 0 | D^n, \gamma_{-j}^{[t]}) \propto (1-\lambda_n)(1+c)^{-\frac{1}{2}\gamma^0} \exp\left[-\frac{S(\gamma^0)}{2}\right]$$

其中：

$$\gamma_{-j}^{[t]} = (\gamma_1^{[t]}, \cdots, \gamma_{j-1}^{[t]}, \gamma_{j+1}^{[t-1]}, \cdots, \gamma_{p_*}^{[t-1]})$$
$$\gamma^1 = (\gamma_1^{[t]}, \cdots, \gamma_{j-1}^{[t]}, \gamma_j = 1, \gamma_{j+1}^{[t-1]}, \cdots, \gamma_{p_*}^{[t-1]})$$
$$\gamma^0 = (\gamma_1^{[t]}, \cdots, \gamma_{j-1}^{[t]}, \gamma_j = 0, \gamma_{j+1}^{[t-1]}, \cdots, \gamma_{p_*}^{[t-1]})$$

因为 $\pi_n(\gamma_j^{[t]}=1|D^n,\gamma_{-j}^{[t]}) + \pi_n(\gamma_j^{[t]}=0|D^n,\gamma_{-j}^{[t]}) = 1$，所以通过简单计算可以得到：

$$\pi_n(\gamma_j^{[t]}=1|D^n,\gamma_{-j}^{[t]}) = \frac{1}{1+h}$$

其中：$h = \frac{1-\lambda_n}{\lambda_n}(1+c)^{\frac{1}{2}}\exp\left[\frac{S(\gamma^1)-S(\gamma^0)}{2}\right]$

在下面的数据分析中，利用 Gibbs 抽样迭代 10 000 次。然后假设后 5 000 次后迭代 $\{\gamma^{[t]}, t=5001,5002,\cdots,10000\}$ 为稳定后的 Markov 链，并以此来做统计推断。一种很直观的想法就是在 γ 的迭代序列中寻找出现频率最高的子模型，即众数，其具有最大后验概率。但是在高维数据下，所有的子模型往往后验概率都很小，因此，每个模型出现的频率都很小，甚至在有限的迭代内大多数模型都无法出现，所以寻找众数方法并不可靠。因此，常用的方法就是以 $\gamma_i=1$ 在迭代序列中出现的频率作为单个变量 x_i 进入模型的依据。出现频率定义：

$$\hat{\gamma}_j = \frac{1}{5000}\sum_{t=5001}^{10000} I_{\gamma_j^{[t]}=1}$$

根据每个变量的出现频率，对所有变量进行"打分"排序，最后选择得分最高的几个变量作为真模型的估计。

六、仿真计算及对比分析

模型 1（独立解释变量）：假设一共 500 个解释变量，每个解释变量都独立抽样与均匀分布 $U[0,1]$。样本量为 100 并且误差 ε 服从标准正太分布。相应变量 y 由下面的线性模型产生：

$$y = \sum_{j=1}^{500} \beta_j x_j + \varepsilon$$

其中，回归系数：

$$[\beta_1,\cdots,\beta_{10}]^T = [0.394, -1.336, 0.714, 1.624, -0.692,$$
$$0.858, 1.254, -1.594, -1.441, 0.571]^T$$

这里 $\beta_j, j=1,2,\cdots,10$ 独立抽样于标准正态分布，其余回归系数满足 $\beta_{11}=\cdots=\beta_{500}=0$。因此 500 个解释变量只有前 10 个变量与响应变量 y 相关。

在此模型中，样本个数满足远小于解释变量个数的前提假设，$k(n) = n/\ln p_n \approx 15$，$\lambda_n = k(n)/p_n \approx 0.03$。起始值 $\gamma^{[0]}$ 随机产生于二点分布 $\pi_n(\gamma_j^{[0]} = 1) = \lambda_n$，这里 $j=1,2,\cdots,500$。取 $c=100$，利用 Gibbs 方法进行抽样 10 000 次，然后利用后 5 000 次作为稳定的迭代序列计算每个变量的出现频率。重复计算 100 次，按照 Luan et al.（2008）的分析方法，用图 6-2 和图 6-3 两个盒图来描述变量的出现频率，盒图 6-2 描述的是前 30 个变量的出现频率，盒图 6-3 描述的是从其余 470 个变量中随机抽取的 30 个变量的出现频率。可以看出前 10 个变量中有 8 个变量（除 x_1 和 x_{10}）的出现频率要明显大于其余不相关的变量。另外，没有一个不相关变量的出现频率高于其他变量。这说明出现频率的确能很好地衡量解释变量与响应变量之间的相关性。事实上，在 100 次重复计算中，前 10 个得分最高的变量中包含至少 5、6、7、8、9 个相关变量的概率为 60%、26%、5%、1%、0%；如果分别取出前 15 和前 20 个得分最高的变量，其包含至少 5、6、7、8、9 个相关变量的概率为 73%、48%、17%、3%、1% 和 84%、58%、22%、8%、2%（见图 6-2、图 6-3）。

为与经典的频率派变量选择效果进行比较，还用 Lasso 和 Dantzig（Candes et al.（2007））算法对模拟数据进行了计算，并对 Bayes 变量选择（BVS）、Lasso、Dantzig 的结果进行对比。类似于 BVS，通过设定

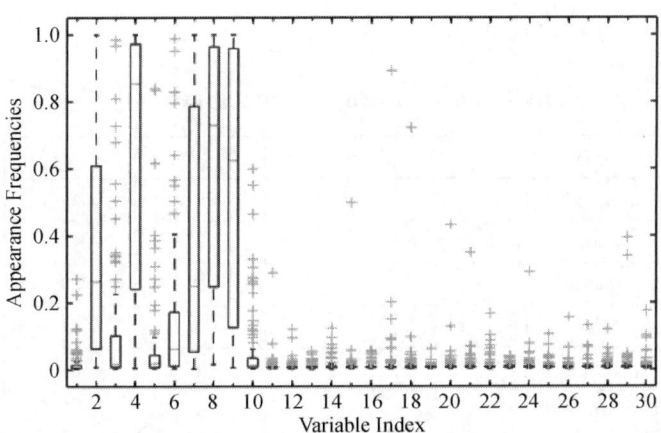

图 6-2　前 30 个变量的出现频率

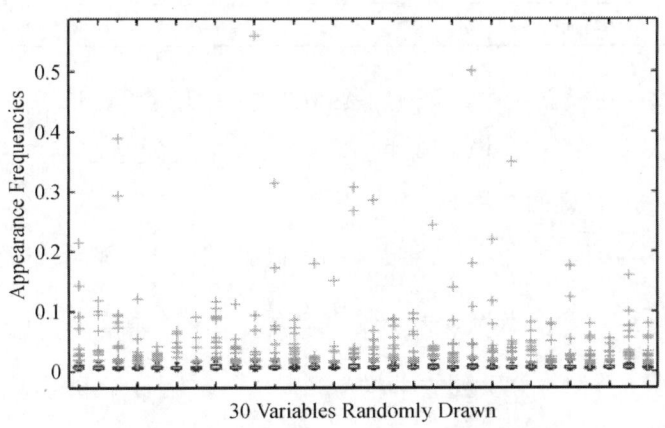

图 6-3　随机抽取的 30 个不相关变量的出现频率

参数，也分别使得 Lasso 和 Dantzig 选出 10 个、15 个和 20 个变量进入模型，三个方法变量选择效果见表 6-3。从表中发现，当只有前 10 个得分最高的变量被选入模型时，三种算法的结果都难言理想；当 N 增加到 15 和 20 时，三种算法选择变量的精度要明显高于 N=10 时的情况。对比来说，就 N=10、N=15 和 N=20 三种情况来说，BVS 的表现都要优于 Lasso 和 Dantzig。

表 6-3　　　　BVS、Lasso 和 Dantzig 三种算法结果对比　　　　（单位:%）

N	方法	$P(\geq 9)$	$P(\geq 8)$	$P(\geq 7)$	$P(\geq 6)$	$P(\geq 5)$
N=10	BVS	0	1	5	26	60
	Lasso	0	1	3	15	46
	Dantzig	0	1	3	7	25
N=15	BVS	1	3	17	48	73
	Lasso	1	2	10	38	67
	Dantzig	1	3	5	14	43
N=20	BVS	2	8	22	58	84
	Lasso	1	8	19	50	76
	Dantzig	2	4	6	22	55

模型 2：在模型 1 中，证明了独立的解释变量下，BVS 的表现相对来说是令人满意的。在模型 2 中，希望当变量之间存在相关性时，BVS 也能给出一个满意的结果。

模型 2 与模型 1 在设计上唯一的不同就是 500 个解释变量之间存在相关性。任意一个变量 $x_j, j=1,2,\cdots,500$，是从关系式 $x_j = x_j^* + 0.5\tilde{x}$ 中产生，这里 x_j^* 和 $\tilde{x}$ 分别独立抽样于 $U[0,1]$，因此解释变量 x_j 之间两两相关系数大约为 0.2。

类似于模型 1 的参数设置以及 Gibbs 抽样方法，仍然用图来描述 100 次重复计算中的不同变量出现频率。盒图 6-4 描述前 30 个变量的出现频率，盒图 6-5 描述从其余 470 个变量中随机抽取 30 个变量的出现频率。从图中可以看出，前 10 个变量中有 9 个变量（除具有最小非零回归系数的 x_1）的出现频率要明显大于其余不相关的变量；另外，没有一个不相关变量的出现频率高于其他变量。这说明出现频率的确能很好地衡量解释变量与响应变量之间的相关性。事实上，在 100 次重复计算中，前 10 个得分最高的变量中包含至少 5、6、7、8、9 个相关变量的概率为 61%、25%、6%、1%、0%；如果分别取出前 15 和前 20 个得分最高的变量，其包含至少 5、6、7、8、9 个相关变量的概率为 78%、51%、20%、5%、1% 和 87%、60%、25%、8%、2%。

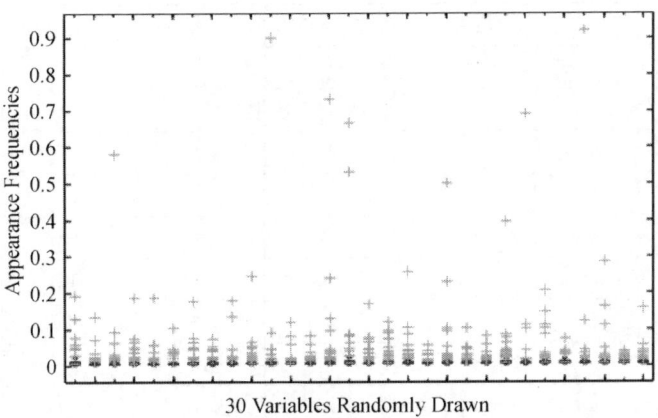

图 6-4　随机抽取的 30 个不相关变量的出现频率

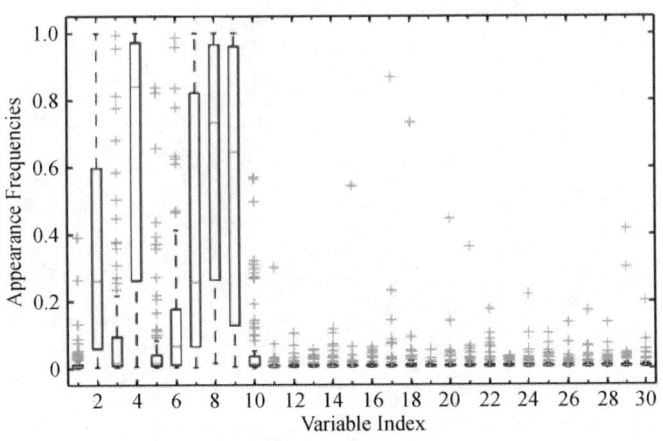

图 6-5　前 30 个变量的出现频率

类似模型1，也用Lasso和Dantzig算法对模拟数据进行了计算，并且与BVS结果进行对比（见表6-4）。从表中可以看出，BVS的表现要优于Lasso和Dantzig，这一定程度上证明当解释变量之间存在相关性时，BVS还是能达到令人满意的结果。

表6-4　　　　BVS、Lasso和Dantzig三种算法结果对比　　　　（单位:%）

N	方法	$P(\geq 9)$	$P(\geq 8)$	$P(\geq 7)$	$P(\geq 6)$	$P(\geq 5)$
N=10	BVS	0	1	6	25	61
	Lasso	0	1	7	13	41
	Dantzig	0	1	2	7	24
N=15	BVS	1	5	20	51	78
	Lasso	1	3	9	29	62
	Dantzig	0	2	2	17	44
N=20	BVS	2	8	25	60	87
	Lasso	1	5	16	47	72
	Dantzig	2	2	8	28	56

第七章
当前加强信用风险管理的建议

针对当前我国商业银行信用风险管理状况以及需要关注的问题，本章重点在以下几个方面提出现阶段商业银行加强信用风险管理的策略和建议。

一、增强风险意识，培育健康的风险文化

健康的风险文化是商业银行信用风险管理的前提保障。风险经营是商业银行的精髓，上至高级管理层、下至基层员工都要养成强烈的风险合规意识和保持良好的职业操守，做到始终不违反法律这条"高压线"，始终不触碰规章制度这条"警戒线"，不随意简化程序，不变通规章制度，不随机放宽授信管理条件。

二、积极转变风险经营策略，树立审慎经营理念

以审慎经营、集约发展为风险经营理念，全面提升资本约束、杠杆约束与规模约束的管理水平，由"求大"粗放发展转向于"求好"内涵式发展；找准定位，发挥优势，主动创新，由"求全"发展转向于"求新"差异化经营；统筹风险与收益平衡，统筹规模与结构平衡，由"求快"转向于"求精"精细化、集约化管理。

三、加大服务实体经济力度，回归金融本质

实体经济是金融健康发展的基础，没有实体经济的支撑，金融将成为无源之水、无本之木，最终难以健康发展。因此，回归金融本质、服务实体经济是商业银行防控信用风险管理的根本之道。

1. 要加大对重点经济领域的金融支持力度，主动对接符合国家产业发展方向和规划的重点行业、重点企业、重点项目，积极服务国家战略。

2. 要按照有保有压、有扶有控的差异化信贷政策，盘活投资于低效领域的资金，以促进实体经济化解过剩产能。

3. 要强化薄弱领域金融服务，继续加大对绿色信贷、现代服务业、民生消费、涉农、小微等领域支持力度，通过创新支持政策、创新增信手段、创新金融产品等手段，提高金融服务水平。

四、实行授信全流程、动态化风险管理，提高风险管理精细化水平

1. 加强授信准入管理，注重源头控制风险。要加强市场调查分析，严格把握政策和准入条件，做到深入调查、详细审查、充分审议、严格审批，防范风险。坚持有进有退、有所为有所不为的原则，动态优化客户结构和资产结构，将风险关口前移，提高风险管理的主动性。

2. 加强贷后跟踪检查工作，及时发现风险。加强贷后管理，及时发现新情况、解决新问题，有效防控风险。建立差别化的风险管理模式，通过外部信息查询、上门实地核查等多种方式，动态跟踪和监测风险，消除风险检查死角。发现风险隐患，立即启动风险预警并采取有效措施，确保在发现风险苗头阶段化解风险，防范信贷风险的产生。

3. 拓宽保全工作范围，提前介入，专业处置。对问题贷款深入了解，分类排查，把脉切诊，对症下药，力求多渠道、多手段、多措并举找准突破口和切入点，最大限度、最快速度地推动保全工作，维护债权权益。以自主催收、法律诉讼、呆账核销、以资抵债、重组转化、出售

转让等传统处置为主，辅以不良资产证券化和市场化债转股等新兴处置方式，主动作为、创新方法，多渠道、多方式地清收化解问题资产。

五、以数字和技术驱动，建立数字风险控制新模式

建立一套完整的数据价值体系，以数据为核心资产，通过数据搜集、技术分析和结果运用，结合传统信贷经验，为授信决策提供前瞻性指导，包括潜在客户的精准营销、授信模式的精准选择、授信风险的精准定位等，为商业银行金融科技化转型提供技术保障。

六、加强信贷人才队伍建设，优化人才培育机制

1. 加强信贷人才队伍的知识体系、知识能力和业务水平的建设，努力提高行业队伍整体素质。

2. 加强人才队伍的道德建设，注重从业人员职业操守、敬业精神的培养和考核，有效避免道德风险发生。

3. 建立合理的人才队伍阶梯晋升机制、人员水平提升培育机制、工作的传帮带机制，使授信工作人员的业务水平得到持续的提高。

参考文献

1. 叶蜀君. 信用风险计量与管理［M］. 首都经济贸易大学出版社, 2008 年版.

2. 黄达. 金融学［M］. 中国人民大学出版社, 2009 年版.

3. 马克思.《资本论》第三卷［M］. 人民出版社, 1975 年版.

4. 刘成. 信用创造. 三联书店, 2017 年版.

5. 王海燕. 基于神经网络的企业信用评级系统的设计与实现［D］. 西安电子科技大学, 2010.

6. 风险管理手册［Z］. 中国光大银行股份有限公司, 2016.

7. 中信证券研究团队. 经济周期与银行业资产质量［J］. 银行家, 2012（5）.

8. 邱兆祥、王树云. 金融与实体经济关系协调发展研究［J］. 理论探索, 2017（4）.

9. 韩克勇. 不良资产：现状、成因及对策［J］. 经济问题, 2014（7）.

10. 康文峰. 金融资本与实体经济："脱实向虚"引发的思考［J］. 当代经济管理, 2013（1）.

11. 黄聪英. 论实体经济［D］. 湖南师范大学博士论文, 2014.

12. 耿同劲. 资金空转：形式、原因及防范［J］. 贵州社会科学,

2014（4）.

13. 中国信贷风险专题分析报告 2016 年第 24 期——中国商业银行全面风险管理问题研究［Z］. 2016.

14. 银监会三个办法一个指引，包括《流动资金贷款管理暂行办法》、《个人贷款管理暂行办法》、《固定资产贷款管理暂行办法》和《项目融资业务指引》［Z］. 中国银行业监督管理委员会，2010.

15. 华夏银行公司授信业务实地见证业务流程［Z］. 华夏银行股份有限公司，2016.

16. 商业银行集团客户授信业务风险管理指引［Z］. 中国银行业监督管理委员会（银监会令［2010］4 号）. http：//www.cbrc.gov.cn/govView_ 6AA8A78A29C64812B5F9EC85A72A4ECC.html.

17. 整体运行平稳 增速有趋缓表现［J］. 纺织服装周刊，2013 年 8 月.

18. 吴迪. 纺织业发展循环经济的特点和主要领域［J］. 再生资源与循环经济，2009，（2）.

19. 刘元庆. 信贷的逻辑与常识［M］. 中信出版集团；2016 年版.

20. 连育青. 新常态下借款企业虚假财务信息识别的探析［J］. 经济管理者，2016，（1）.

21. 李坤鹏. 商业银行信贷调查阶段的风险控制措施［J］. 中国商界，2009，（176）.

22. 流动资金贷款管理暂行办法［Z］. 中国银行业监督管理委员会令（2010 年第 1 号）. http：//www.cbrc.gov.cn/chinese/home/docDOC_ReadView/201002201E5EAD802751AB4DFFB3F860B7A14E00.html

23. 张传新. 我国商业银行信用风险度量研究［D］. 苏州大学，2012.

24. J. P. Morgan. Credit Metrics—Technical Document［Z］. 1997.

25. 王聪芳. 我国商业银行信用风险度量与管理研究 [D]. 2013.

26. 曹道胜、何明升. 商业银行信用风险模型的比较及其借鉴 [J]. 金融研究, 2006 (10).

27. 章政、田侃等. 现代信用风险计量技术在我国的应用方向研究 [J]. 金融研究, 2006 (7).

28. 殷晓. 商业银行大宗商品贸易融资风险管理探析 [M]. 西南财经大学, 2016.

29. 杨晓奇、刘絮. 经济资本在行业风险限额管理中的应用研究 [J]. 金融发展研究, 2010 (10).

30. 王树云. 基于 Bayes 方法和图限制下正规化方法的变量选择问题及其在基因组数据中的应用 [D]. 山东大学, 2010.

31. 李彦平. 国有商业银行集约化经营研究 [J]. 工作研究, 2016 (4).

32. Guyon, I. and Elisseeff, A. (2003). An Introduction to Variable and Feature Selection. Journal of Machine Learning Research, 3, 1157–1182.

33. Fan, J. and Lv, J. (2009). A Selective Overview of Variable Selection in High Dimensional Feature Space (Invited Review Article). Statistica Sinica, to appear.

34. Heaton, M. and Scott, J. (2010). Bayesian Computation and the Linear Model. In Frontiers of Statistical Decision Making and Bayesian Analysis.

35. Tibshirani, R. (2006). Regression Shrinkage and Selection via the Lasso. Journal of the Royal Statistical Society Series B, 58, 267–288.

36. Zou, H. and Hastie, T. (2005). Regularization and Variable Selection via the Elastic Net. Journal of the Royal Statistical Society Series B, 67, 301–320.

37. Fan, J. and Li, R. (2001). Variable Selection via Nonconcave Penalized Likelihood and Its Oracle Properties. Journal of the American Statistical Association, 96, 1348 −1360.

38. Huang, J. and Xie, H. (2007). Asymptotic Oracle Properties of SCAD −penalized Least Squares Estimators. Lecture Notes − Monograph Series, 55, 149 −166.

39. Yuan, M. and Lin, Y. (2006). Model Selection and Estimation in Regression with Grouped Variables. Journal of the Royal Statistical Society Series B, 68, 49 −67.

40. Wang, H., Li, G. and Jiang, G. (2007). Robust Regression Shrinkage and Consistent Variable Selection Through the LAD −Lasso. Journal of Business and Economic Statistics, 25 (3), 347 −355.

41. Luan, Y. and Li, H. (2008). Group Additive Regression Models for Genomic Data Analysis. Biostatistics, 9 (1), 100 −113.

42. Li, C. and Li, H. (2008). Network − constrained Regularization and Variable Selection for Analysis of Genomic Data. Bioinformatics, 24, 1175 −1182.

43. Hall, A. D., Hwang, S. (2002). Using Bayesian Variable Selection Methods to Choose Style Factors in Global Stock Return Models. Journal of Banking and Finance, 26, 2301 −2325.

44. Gerlach, R., Bird, R. and Hall, A. (2002). Bayesian Variable Selection in Logistic Regression: Predicting Company Earnings Direction. Australian and New Zealand Journal of Statistics, 42, 155 −168.

45. Lee, K. E., Sha, N., Dougherty, E. R., Vannucci, M., Mallick, B. K. (2003). Gene Selection: a Bayesian Variable Selection Approach.

Bioinformatics, 19, 90 -97.

46. Sha, N., Vannucci, M., Tadesse, M. G., Brown, P. J., Dragoni, I., Davies, N., Roberts, T. C., Contestabile, A., Salmon, N., Buckley, C., Falciani, F. (2004). Bayesian Variable Selection in Multinomial Probit Models to Identify Molecular Signatures of Disease Stage. Biometrics, 60, 812 -819.

47. Zhou, X., Liu, K. Y., Wong, S. T. C. (2004). Cancer Classiffication and Prediction Using Logistic Regression with Bayesian Gene Selection. Journal of Biomedical Informatics, 37, 249 -259.

48. Wang, S, Y., Luan, Y, H., Chang, Q. (2011). On Model Selection Consistency of Bayesian Method for Normal Linear Models. Communications in Statistics—Theory and Methods, 40, 4021 -4040.

49. Candes, E. J., Tao, T. (2007). The Dantzig Selector: Statistical Estimation When p is Much Larger than n (with discussion). The Annals of Statistics, 35, 2313 -2351.